더 닥터
시골의사의 독립전쟁

전북 부인회장 차영민(누님) 순국 기념비
앞에 선 차경삼(맨 우측 / 1969년, 77세)과 가족

Dr. 차경삼의 삶

1893년	평북 강계 출생.
1910년	강계 영실중 졸업.
1917년	경성의전 1회 졸업.
	전주 예수병원 최초의 한국인 의사
1919년	전주 3.13 만세운동 참여. 정읍으로 도피.
1920년	정읍병원 설립
	조선 청년연합회 창립/ 정읍 청년회장
	조선 노동공제회 창립
1921년	출옥 독립투사 강연회 개최.
	김 미리사 강연회 개최/여성교육 강화와 조혼 근절.
1922년	경성 고학생 강연회 개최.
1923년	조선 민립대학 설립 운동 발기인
	정읍 민립대학 설립 홍보위원장
	동아일보 정읍 지국장
1924년	내장사 고적보존회 설립
	정읍 도시금융조합 설립
1928년	정읍 금융조합 감사.
1929년	정읍체육회 창립/ 부회장, 회장
1931년	남조선 정구대회 개최
	정읍 농고 5년제 승격운동 위원장.
1932년	궁민 구제회 조직/
	조선 유지인사 궁민구제책, 조선일보에 게재
	정읍 유사인 창립
1934년	정읍 보통학교 증설 위원
	정읍 산업조합 설립/감사
1937년	정읍 보통학교 후원회 조직/ 부회장
1946년	독립촉성회 설립/ 정읍군 회장
1948년	제헌정부 경북 문사국장(현 교육감)
1949년	경북북부 공비토벌작전 지사 대리관
	동양의학회 창립(한의학회 제도권 진출)
1951년	경남 문사국장
1953년	진주여고 교장.
	작가 박경리 등 퇴학생에 명예 졸업장 수여
1957년	마산 창신고 교장.
1961년	경북 칠곡군 보건소 소장.
	나병 퇴치운동 전개
1977년	84세로 소천

글머리에

이역만리 인도 땅에서 외조부가 현몽한다.
돌아 가신지 20여년이 지났는데~.
그리고 20여년이 또 지나, 외조부의 언론상의 글을 65년만에
마주한다. 기이하여 그 삶을 추적하기 시작한다.

그는 나에게 혈육을 주었고,
6. 25 전쟁통에 폐렴으로 죽어가는 이 손자를 살린다.
철없는 7살 소년에게 넓은 세상이 있다는 것을 가르치고
나는 그 꿈을 쫓아 넓은 세계로 나간다.

문약하여 총칼을 들고 무장투쟁은 못하였지만
이 땅의 할아버지, 할머니들의 헌신과 희생이 있어
조국은 어느새 세계 10대 부국이 되었습니다.
험악한 세월을 잘 견디셨습니다!
잘 싸우셨습니다!
존경과 박수를 보냅니다.
당신들의 삶을 잊지 않겠습니다.

국가와 언론의 기록만으로 시골의사의 삶을 기록했습니다.
다행히 많은 기록이 있어 얼마나 감사했는지~
청년들아!
아름다운 꿈을 갖고 살기 바란다!
너희에겐 맘껏 날을 수 있는 세상이 있다.
조국이 있다!

2022년 봄에, 저자 양갑수 드림

차 례

글머리에	6
꿈, 아~ 할아버지!	11
추억과 추적의 시작, 카스피해 바쿠	25
추적, 5대 150년 세월을 쫓다!	33
1893년 출생, 1917년 경성의전 졸업	50
1920년 독립전쟁의 시작, 조선 청년연합회 창립	62
1930년 수탈과 침략의 시대	91
1940년 2차 세계대전, 독립이 온다!	113
1890년 새 세상을 열어라! 차학연 장로	134
1910년 만주 벌판, 차형준 목사, 아들 차경섭 박사	152
1900년 예수가 누구요? 양공윤 장로	163
1950년 처참한 순국! 차영민 전북 부인회장	180
1948년 제헌 정부 관리가 되다.	195
1954년 진주여고, 토지의 박경리와 혼불의 최명희	213
1990년 미 Iowa, 노 해병과 장진호 전투	224
1977년 하늘로 돌아가다	236
에필로그 / 더 닥터, 차경삼의 후손들	242

1
꿈,
아~ 할아버지!

1995년 8월, 인도의 수도, 뉴델리,

40도를 넘나드는 더위와 혼돈, 무질서가 넘쳐나는 듯하나,

나름의 질서 있게 움직이는 시내로 들어와 예약된 호텔에

여장을 푼다.

세계적 유명기업인 핀란드의 노키아, 이탈리아의 A사, 일본의 H사와 2년여의 치열한 입찰경쟁 끝에 H 상사와 함께 인도 전선 공사인 Hindustan Company가 발주한 플랜트를 수주, 기계를 선적하고 통관과 공사 준비차 인도에 도착한다.

벌써 2년 넘게, 여덟 번째 인도 방문이다.

넘쳐나는 인파, 녹음과 고색창연한 건물들 사이로 릭샤와 승용차, 매연을 가득 내뿜는 버스들이 뒤얽혀 달리는 익숙한 모습의 시내를 바라보며 잠시 생각에 젖는다.

지난 세월이 파노라마처럼 스쳐 간다.

참 힘들었었던 세월~

하나님 한 번만 살려 주세요! 한 번만!

그리고 제가 은혜를 어찌 갚나? 두고 보소서!

이건 기도가 아니다, 협박, 읍소, 공갈, 통사정, 애원, 울다 웃다

막가파의 행패다. 마침내는 조상도 팔아먹는다!

잘나신 조부들 이름을 들먹거리며,

내 할아버지들의 충성을 기억하소서, 아니 기억해주시오!

불쌍한 손자도 살려내시고~요! 엉~ 엉

하나님은 이 싸가지가~, 할 듯하신데 참으시며 내 막가는

기도를 들으시는 거 같다.

주여 이 철없는 아들을 용서하소서!

일차창업에 크나큰 낭패와 많은 돈을 잃었지만,

하나님을 바로 알고 실낱같은 희망을 얻어, 불가능하다는 인도의

플랜트 국제입찰에 뛰어들었다.

서류심사와 기술평가, 입찰가격 등 모든 면에서 최고 점수를 받았으나, 이태리 A 사에 정략적으로 밀려 계약은 성사되지 않고 시간만 갔다.

인디라 간디 수상의 이태리 며느리가 정부의 실세라나?

계약은 알 수 없는 이유로 불가능하게 되어가고 있었다.

파트너인 H 상사마저도 이제 포기합시다! 했지만 절박한 나는 "

아니요, 다 이긴 싸움을 정략적 농간에 물러날 수 없소

마지막으로 Hindustan사 회장을 만나 담판을 짓겠소!"

일본에 있는, 인도의 저명한 외교관 가문 출신인 친구 Singh에게 급하게 도움을 요청, 20분의 면담을 위해 인도 캘커타로 다시 날아가, 예약된 20분의 시간을 훌쩍 넘기고 2시간 만에 기적적으로 담판에 성공하여 얼마나 은혜의 눈물을 흘렸던가?
정부도 바뀌어, 새 수상의 Look East 정책으로 계약은 순조롭게 진행된다.

이제 무사히 Project를 잘 끝내야 할 터인데~ 걱정을 하다 그냥 깊은 잠에 빠져든다.
그리고 꿈을 꾼다.
너무나 선명한 꿈이었기에 25여 년이 넘게 지난 지금도 생생하게 기억을 한다. 어려서 기억하는 외할아버지가 잘생긴 초노의 신사의 모습으로 내 곁에 앉아

"갑수야~

내 사랑하는 손자야~

널 위해 모든 걸 준비해두있으니 걱정하지 말아라. 모든 길 내가 예비하여 두었으니 넌 걱정하지 말아라."

근심 어린 나를 한없는 애정으로 위로하시며 안위하신다.

깜짝 놀라 꿈에서 깬 나는

돌아가신 지 20년 정도 지났는데 어찌 현몽하시는가?

의아해하며 날을 새었다. 어찌 된 일인가?

무엇을 의미하는지?

아침 식사를 하면서도 너무나 생생한 꿈이기에 수수께끼처럼 뇌

리를 맴돈다. 그러고 보니 처음이 아니었다.

두 번째다!
1977년 아내가 첫아이 출산 때문에 전주 본가에 가 있고,
난 내 이빨이 깡그리 빠지는 꿈을 꾸었다. 소스라치게 놀라 깨고,
불길한 예감에 출근하자마자 시외전화를~
난 아내에게 따발총 소리처럼 화급히 묻는다.
집에 별일 없어? 왜?
이런 나쁜 꿈을 꾸었어…. 아버진? 어머닌?
응 부모님은 별일 없고, 외할아버지 돌아가셔서 대구 가셨어,
어~ 한동안 말을 잇지 못한다.
아~ 나의 외할아버지가 그리 생을 마감하셨구나!
가시면서 나에게 텔레파시를 보내셨나?
당신에겐 많은 손자가 있고, 나는 스무 명이 넘는 외손 중 하나인데 나에게 무언가 가끔 중요한 시그널을 보내신다.
왜일까?
그러고 보니 난 삶의 무게에 눌려, 그 후로 당신을 기억하거나 추도한 적이 없이 세월을 흘려보냈구나~

인도에 있은 지 한참 후에야 그 꿈의 의미를 조금쯤 깨닫는 사건이 시작된다.
공사는 인도 측의 사정으로 늦어져 가고, 나는 그저 여유 있게 인도 기술진을 교육하면서 인도 친구들과 교류도 하고,

다양한 인도 문화와 사고방식을 깨달아 가며, 느긋이 공사 준비를 하고 있었다. 좋아하는 골프도 즐기면서 하하.

하루는 캘커타의 Tolligungi Golf Club의 숙소에서 성경을 보다가 문득 하나님께 무언가? 서원한 기도를 한 기억이 떠오른다.
경비는 나날이 증가하니 자금은 부족하고, 맘고생이 이만저만이 아니었다. 빚은 날로 늘어가니, 그저 살려 달라며 기도를 하곤 했다.
이 일을 주시면 내가 십에 일, 아니 십에 둘, 아니 다섯도 하나님 나라를 위해 내놓겠다고~
반은 저도 빚도 갚고 살아야 하니, 그 이상은 안 넘어갔다.
죽을 지경이니 무슨 맹세를 못 하겠는가?
되는대로 떠들었다는 기억이~
곧장 침대에서 내려와 성경을 앞에 놓고 회개 기도를 한다.

주여! 나의 아버지, 하나님이시여
아버지께 약속을 방각한 죄를 회개합니다!
이제 내 죄를 내어놓고 하나님께 순종코자 하오니 내 생각이 아닌, 아버지 뜻대로 하옵소서!
주님의 뜻은 심중에 없이, 내 뜻대로 이리 할까? 저리 할까?
만을 생각한 날 꾸짖어 주옵소서!
주여 내가 회개하오니 이제는 뜻대로 나에게 행하시옵소서!
한참을 울면서 기도를 마치자 속이 뻥 뚫린 듯 후련하다.
우리 아버지 외상값 확실히 챙기신다. 반드시 받는다.

입찰 정보를 알고, 인도 일을 시작할 때에 기도로 시작한다.
내 주 여호와여!
파라오에 맞서, 죽기로 출애굽을 이룬 **모세의 담대함**과,
사울 왕에 쫓기면서도 주님의 선하심을 따른 **다윗의 순종**과,
이스라엘을 강국으로 굳건히 세운 **솔로몬의 지혜**로
이 싸움에서 이기게 하소서!
나는 지극히 작은 자지만, 주가 나를 이끄사 승리하게 하소서!
턱도 없는 기도? 아니 생떼를 쓴다.
이건 내가 봐도 생떼였다. 그것도 왕 쌩떼!
하지만, 아버지는 내가 불쌍한지? 들어주시는 거 같다.
기도? 아니 생떼가 점점 확신이 서 간다.
근거 없는 자신감이 생긴다.
지혜에 지혜를 더하여 주시는 거 같다.
내가 왜 진즉 하나님을 똑바로 믿지 않았던가?
뒤늦은 후회가 밀물처럼 밀려온다. 앞으론 똑바로 믿자!
주여 다만 나를 용서하시고, 불쌍히 여겨 주옵소서!
매일 기도하며 미친 듯이 입찰서를 만들어 간다.

H 상사에 입찰서를 넘기는 날,
"가능성 있겠어요? 너무 상대들이 막강한데~~,"
걱정하지 마시오! 결선은 무조건 갑니다.
1등 아니면 2등으로~
에~?, 그래요, 입찰서는 넣어 봅시다. 반신~ 반의다.

그렇게 시작한 입찰이었다.

일을 추진할수록 나 자신도 놀라는 지혜와 담대함이 샘 솟는다.

하나님은 도깨비방망이처럼 우릴 축복지 않으신다.

하나님은 영이시다!

우리의 영을 보시고, 영으로(바른 지혜) 축복을 허락하신다.

기도와 당신의 뜻에 합당한 믿음과 행동이 있을 때,

빙그레 웃으며 축복의 길을 열어서 보이시는 거 같다.

기술미팅 때 인도 심사관은 묻는다.

이 제안서 누가 만들었나요?

"접니다. 내 공장이다, 라는 마음으로 경험과 미래를 예측

하며 효율적인 투자가 되도록 설계했습니다."

후에 사석에서, 그간 많은 국제입찰을 해봤지만 이런 성실한 제안서는 처음이라 자기들도 놀랬다고~.

한국산업이 무지 발전한다는데 사실이구나!

이번 기회에 한국을 배우자!

해서 모든 심사관이 높은 점수를 주었다. 라 말한다.

아~ 이런 게 하나님이 주신 지혜요, 축복이구나!

얼마나 감사의 눈물을 흘렸는지 모른다.

일주일 후, 하나님 역사가 시작~ ?

캘커타의 톨리건지 클럽은 영국 식민지 시절, 영국군 장교와 상류사회 인사를 위한 스포츠클럽으로 1850년경 창설되어,

18홀 골프코스(원래는 36홀), 승마장, 테니스 코트, 실내외 수영

장 등, 온갖 스포츠 시설과 여러 연회장과 식당으로 구성되어 있어, 많은 외국인, 부자와 권력자들이 들끓는 곳으로
서민들에겐 경외와 질시의 대상이다.
하루는 클럽의 택시 타는 곳으로 가는데, 동양인인 듯한 여인이 사리를 입고 내 쪽으로 다가온다.
캘커타엔 우리와 외모가 비슷한 듯한 많은 네팔과 부탄 사람들을 쉽게 만날 수 있기에 그냥 지나치려, 얼굴색이 그들이라 하기엔 너무 하얗고 곱다는 생각이 순간 스친다.
혹시 한국 여자?
대놓고 물어볼 수도 없고, 예의도 아니고~ 순간 망설이다가 한국말로, "날 되게 덥네! 어찌 이리 덥다냐?" 하며 들으란 듯 지나간다. "어머, 한국 분이세요?" 아~ 역시.
이렇게 만난 여인이 한국 총신대에서 함께 대학원 과정까지 마친 후, 고국인 인도로 돌아와 선교하는 Roy 목사와 부인인 상희 선교사다.

그들 일행과 여러 선교지를 방문하며 인도 물정과 의식 세계, 불가촉천민들의 참담한 현실도 깨닫는다.
나환자촌과 테레사 수녀의 Mission of Charity 본부에 들러 많은 이들의 헌신과 봉사에 가슴이 먹먹한 감동을~,
한쪽에서 기도하니 참 내가 주님 앞에 부끄럽다.
총무 수녀를 만나, 약간의 헌금을 내밀자 내 이름을 묻는다.
난 부끄러워 차마 내 이름을 말하지 못하고

Roy 목사와 부인 상희 여사, 아내와 나. 인도 여인들은 한복이 참 예쁘다고 칭찬한다.
_1995년 인도 캘커타 교회에서.

 "God knows me already" 라 답하자
빙그레 웃으며 같이 기도하잔다.
"주는 이미 모든 것을 아십니다, 이 이름 없는 자를 축복하소서!"
라고 수녀에게 축복기도를 받는 횡재도 한다.
애통해하는 자는 복이 있나니 저희가 위로를 받을 것이요
이제 부끄럽게 살지 말자! 그저 다짐도 해본다

Roy 목사에게 나환자들이 예배할 처소도, 진료받을 장소도 없이
주민들에게 쫓겨 다니는 안타까운 현실을 전해 듣고, 내 힘으론
벅찬데? 하다,
궁색하게 "기도합시다."라 답한다.
어린 시절, 6.25전쟁 후 전주 거리를 떠돌던 문둥이 거지들의 처
절한 모습과 중학 때 배운 나환자 시인, 한 하운 씨의

"보리피리" 시 구절을 떠올리며~
보리피리 불며 불며
봄 언덕 고향 그리워 그리워 필~~늴리리 늴리리

보리피리 불며 불며
꽃 청산 어린 때 그리워 그리워 필-늴리리 늴리리

보리피리 불며 보리피리 불며 인환의 거리 인간사 그리워
필 늴리리 필늴리

한국 휴가 중에 어머니에게 할아버지 꿈과 나환자촌 얘기를 하다, 어머니로부터 외할아버지가 말년에 칠곡군 보건소장을 하시며 가톨릭 나환자 구제회를 도와 나병 퇴치에 큰 노력을 기울인 사실을 알게 된다.
장례식 때 신부가 참석하여 감사를 전하고, 기도했단다.
미국에 있는 둘째 이모가 기도하면, 은혜와 축복이 있을 거라는 나에 대한 방언 기도가 나온다는 얘기도 전해 듣고~
허락하신 모든 것에 감사한다.
아~ 당신은 나를 그렇게 내려 보고 있던 모양이다.
어쩜 당신이 못다 한 일을 나에게 맡기고자 하는 걸가?

인도로 돌아가, 많은 기도 끝에~
저는 감당할 능력 없으나 오직 내 주만 믿고 나아갑니다.

그래 하자! 단호히 결론을 내린다.

내가 약속하지 않았는가?

무엇을 두려워하는가? 하나님이 함께하시는데~,

얼마가 들지? 어떤 어려움이 있을지 모르지만,

일단 시작하자! 마음이 많이 편안하다.

Roy 목사 내외와 함께 나환자촌에 가서 맛있는 카레 라이스도 같이 먹고~, 전염에 대한 두려움도, 불결하다는 생각도 전혀 없다. 신기하다.

영화 빠삐용에서 탈출할 배를 얻기 위해 문둥이 대장이 건네준 담배를 두려움을 이기고, 나눠 피는 장면이 떠올라 피식하고 속으로 웃는다.

그저 그들에 대한 안타까움을 넘어 소박한 그들의 행복이 날 부끄럽게 한다. 보아둔 나환자촌 부근, 교통이 좋은 하우라 강변에 땅을 매입하고, 나환자 선교회와 합력하여 교회와 진료소, 목사 사택까지 계획한다.

아~ 이런 게 하나님이 주신 은혜라는 것이구나!

생전 처음으로 감사와 은혜의 찬송이 나온다.

나 같은 죄인 살리신 주 은혜 놀라와~

잃었던 생명을 찾았고 광명을 얻었네~

젊은 날 세상 적 욕망에 취해 출세하자!, 돈 벌자!, 성공하자! 거추장스럽다며 그렇게 하나님을 피해 도망만 다니던 나,

어머니 눈물의 기도도 적당히 넘겼던 추악한 나!

아니 하나님마저도 젊은 날의 야곱처럼 이용하려 했던 나는, 외

할아버지의 꿈에 이끌려 성큼 하나님 곁으로 다가간다.

2년 후 헌당 예배 때 새로운 임지인 홍콩에서 날아가,
나 같은 죄인도~ 돌아온 탕자도 이리 쓰십니까?
한없이 감사하며 은혜의 눈물만 흘린다.
나환자 신도들은 잘려나간 손과 발을 보이며
"이 손으로 은혜에 감사하여 찬송을 부르며, 돌과 벽돌을 날랐답니다." 발등에 입맞춤하는 인도식 존경의 예를 표한다.
"내가 아니요, 하나님께 감사 합시다!"
헌당 예배 중에 외할아버지를 추모한다.

그리고 10년 후 2007년, 세파에 찌든 나는 은혜를 되찾기 위해
다시 찾은 교회는 파라다이스가 되어있었다.
짙푸른 수목과 일요일엔 교회요, 주중엔 유치원이 되고, 마을 공회당도 되고, 주 1회는 나환자 진료소가 되고,
또 하루는 나환자촌 주민뿐만 아니라 주변 온 동네 주민을 진료도 하니, 주민들 사이의 긴 다툼도 사라지고~.
멀지 않은 곳에는 신학대학이 있고~
그저 내가 이러 이러한 일을 했으면 한 생각들이~
모두 내려놓자, 주님 손에 의해 모두 이루어져 있다!
"네 모든 행사를 주께 맡기어라!"
난 다시 감사의 기도를 드릴 뿐이었다.
외할아버지 꿈에 이끌려 난 처음으로 하나님 일을 했다.

1997년, 나환자촌 교회 헌당식. 오른쪽 끝 하얀 건물이 진료소. 목사 사택은 교회 뒤. 중앙 현관 쪽에 많은 도움을 준 캘커타 H 상사 지사장 내외도 보인다.

헌당식을 끝내고 하나님께 약속을 지켰다는 안도감과 감사함으로 Roy 목사에게 뒷일을 부탁하며 야간 비행기로 서둘러 홍콩으로~
도착한 그 날 새벽은, 중국 인민 해방군이 폭우를 맞으며 집총 한 채, 위압적으로 홍콩에 들어온 150여 년 만의 홍콩 반환일인 1997년 7월 1일. 또 다른 역사의 시작이었다. 역사는 그렇게 흐르고 있었다.

그 뒤로도 주님은 날 구속하여,
항상 쫓기듯 바쁜 홍콩 생활 중에서도 친구인 안 한준 목사와 함께 스리랑카 선교와 교회 건축을 후원하는 일에 동참하게 하신다. 여러 홍콩, 일본인 친구도 참여하는 은혜를 주신다.
자네가? 한량이 그런 생각도~ 하고 살아?

마침 집을 잘 팔아 신사에 봉납하려 했는데~, 에이 자네가 복을 빌어줘, 하며 뭉칫돈을 준다.

홍콩 동신 교회를 도와 광둥성 동관 지역에 첫 교회를 창립하는 데에 작은 힘을 보태게 하는 은혜를 베푸신다.

돌아온 탕자이기에 더 행복했고 감사한 일상이었다.

게으른 나를, 때마다 불러 내 결정적 시기에~ 막힌 터널 뚫듯이 투입하는 듯하다.

워낙 죄성이 많은 나는, 깜냥에 헐만치했는디 또 하라고?

이번 거는 멀까? 왜일까? 다른 사람도 많은 데 하필 나야?

어찌 피할까? 도망갈 궁리를 하지만 상황은 이미 꼼짝 못하게 되어 있다. 에그 내가 어찌 아버지를 이겨내겠어?

투덜거리며 나가지만 결과는 은혜로운 세월이었다

그는 그렇게 날 인도하고 있었다.

2
추억과 추적의 시작,
카스피해 바쿠

나는 사도세자의 아들이다!
내가 좋아하는 정조대왕의 취임 첫 일성이다.
나도 그의 흉내를 내본다. 크크
나는 차경삼의 손자다!
아니 정확히 말하면 외손자다.
양공윤 장로의 손자지만, 친조부는 지병을 앓다가 내가 7살 때 돌아가셔서 특별한 기억이 없으나, 외갓집은 많은 추억이 있다. 외갓집과 외조부 차경삼은 나의 유년 시절부터 아름다운 추억과 어린 나에게 꿈을 심어준 추억의 정원이었다.

하지만 바쁜 세상살이에 또 잊고 살아간다.
인도를 떠나, 새로운 임지인 홍콩으로~
홍콩과 합작인 회사는 형편없이 무너져 있어 매출은 정체되어 있고 신제품도 없이 그렁저렁 가쁜 숨만 쉬고 있다.

거기에다 공금횡령, 부정회계에, 부실부패 경영의 전형이다.
청소부터 하자! 특유의 강단으로 경찰에 고소 고발 조치도~.
홍콩은 자유무역 지대이지만 경제사범에 엄격하다.

다음은, 조부들의 DNA를 많이 받은 나는 특유의 친화력으로 기술진을 영입하여 신제품을 개발하고, 많은 현지인의 도움을 받으며 새로운 지경을 넓혀간다. 성공이다!
홍콩 교민사회에 이정표를 만든다. 매출은 매년 50%씩 성장, 공장을 11년 동안에 4번이나 이사, 증·개축한다.
하나님이 약속을 지켰다고 주신 축복인가?
다만 날 불쌍히 여기심인가? 그저 감사함 뿐이다.
IMF 고비도 잘 넘기고, 승진을 거듭하여 상장사 대표에 올라 무사히 퇴임한다. 죽을 만치 열심히 살았다. 푹 쉬자.

그러다 정부의 개발도상국에 파견할 퇴직 전문가 공모에 응시 카스피해 부근 아제르바이잔의 산업에너지부, 정책자문관으로 파견된다. 한국의 산업발전을 배우고자 한다나? 어쩐다나?
바쿠에서 여러 자료를 검색하다가 우연히? 아님 필연인가?
외조부에 관한 기사를 본다.

1951년 경북 도정월보가 60년 만에 베일을 벗는다.
- 전략
책장을 열자 경북 도정에 대한 옛이야기들이 하나둘씩 걸어 나온

1940-50년대의 차경삼

다. 1951년 빛바랜 도정월보 창간호에는 경북 역사가 살아 숨 쉬고 있다.

전쟁 와중에 경북지역의 흐름과 당시 시대상을 파악할 수 있는 얼마 안 되는 자료로서 그 가치는 엄청나다고 한다.
당시에는 간부 공무원 상호 간 평가에 대한 글도 실려 있다.
대표적으로 차경삼 문사국장과 허 유 산업국장 간 글이다.
두 국장은 서로 간의 인품과 행정에 임하는 자세를 칭찬하면서, 넓은 마음으로 조언도 아끼지 않았다.

그래 이거다!
그의 인품과 평판, 생각과 철학, 당시의 조부가 처한 형편과 상황을 객관적으로 알 수 있는 좋은 자료다.
나는 흥분에 떨며 담당 공무원과 기자에게 메일을 보낸다.

6.25 당시 차경삼 문사 국장의 외손입니다.
조부의 기록이 있다니 그 글을 보내 주시길~
상세한 내용은 뒤에 말하겠다.

토지의 작가 박경리 선생의 장례식 기사에 외조부의 존함이, 어~, 이건 뭐지?
박경리 작가에게 명예 졸업장을 수여했다는 기사다.
어려서 진주여고 교장 관사로 아버질 따라 놀러 간 기억이 새롭다. 민족의식과 미래 혜안이 밝은 그는, 학생 명단을 대조하여 일제에 의해 퇴학당한 학생들 명단을 만들어 명예 진주여고 졸업장을 남발하는 중죄를 저지른다.
대장님 이거 직권남용 아닙니까?
그래 손자 짜샤 야! 직권남용이다.
소인배들은 직권남용이라 시비하지만 이럴 땐 그냥 질러 버리는 거다! 짜샤 야, 알간? 역사는 이리 만들어 가는 거다.
그 학생 중 하나가 박 금이, 후에 대작가 박경리다.
박 금이가 대작가 박경리 될 줄 알고 졸업장 줬냐?
일제때 쫓겨나고, 퇴학당한 내 딸들 자존심 찾아 주자는데,
짜식이 말이 많아~, 아 죄송, 꾸뻑.
그의 시각과 철학을 알 수 있는 기사이다.
그는 행동하는 지성인이었다.
문약하여 총칼을 들고 독립군도 무장투쟁도 못 하였지만,
민족의 고통을 가슴에 안으며, 의사로, 사회운동가로, 제헌 정부

의 관리로, 교육자로, 다시 의사로, 평생을 애국 애족의 길을 걸어간 지사의 삶이었다. 손자인 내가 몰랐구나.

청사 앞 카스피해를 바라보며 깊은 회한과 상념에 빠진다.
많은 희생으로 되찾은 나라는, 세계에서 가장 가난한 나라 중 하나일 뿐이었다. 거기에 사상 갈등, 동족상잔의 전쟁, 부정부패, 4·19혁명, 5·16 쿠데타, 화폐개혁, 12.12 반란, IMF, 금 모으기, 혼돈의 연속이었다. 하지만 우린 한두 세대 만에 산업, 경제의 선진국 문턱에 선 것이다.
정말 아슬아슬한 위기 속에서 잘도 견디며 빠져나왔다.
천행이다! 그 시대를 다 겪은 나는, 그리 말할 수밖에 없다.
며칠 후 경북도청에서 답이 왔다. 감사하다.

2013년, 아제르바이잔 산자부 간부들과 즐거운 한때

행정 하는 명의 차경삼, 행정관 허 유라는 글이다.

60년 만에 지하창고에서 발견된 기록이 빛을 본 것이다.
외조부의 기록을 65년 만에 손자가 보는 것이다.
6.25 당시 할아버지가 처한 현실과 허 국장의 말대로 돈 잘 버는 의사를 중단하고 4만 환짜리 벼슬아치가 된 이유를 조금은 알게 된다.
또 당신이 어떤 철학과 가치를 가지고 정체 절명의 위기에 빠진 조국에 헌신코자 하는가? 도 알 수 있었다.
한마디로 일신의 편안함과 의사라는 생업을 접고,
인재부족에 허덕이는 신생국가인 조국의 미래를 위해 기꺼이 박봉의 관리가 되어 그 이상을 실현코자 한 것이다.
아니면 일제 관리들의 악행을 보면서 의분을 많이 느꼈기에 백성을 위한 관리의 모습을 보이고 싶었는지도 모른다.
경북 문사 국장(현 교육감)을 지낸 후 경남 문사 국장으로 이동한 것을 보면 평판은 좀 괜찮았던 거 같다.
아님. 이 박사에 로비했나?
할애비 얼마 갔다주었유? 네끼~ 놈!

처음엔 이승만 박사가 제헌 정부의 보사부 장관으로 기용코자 했으나 정치자금 문제로 이 박사 측과 맞서게 되고,
경남지사? "안 해! 나 장로야! 매관매직 안 해!"
마지못해 임명한 전북 산업국장으로(3개월 재직) 출발하여 경북 문사 국장으로 가게 됐다는 전설 같은 이야기가 집안에 전해진다. 기록이 다 있으나 이런 이야기는 천천히 재미 삼아 얘기하기로 하고~.
이런 기록이 남아 있다니?

이국땅에서 우연히 찾은 기록에 나는 감탄하며 힘을 얻어 나에게 영과 육을, 꿈도 주신 조부의 기록들을 찾기로 한다.
역사를 잊은 민족은 미래가 없다!
전설 따라 삼천리가 아닌 역사의 기록을 찾아내자!
전설과 구전 적인 이야기는 최대한 객관성을 입증하자!

틈틈이 기록을 찾으며, 책무에 최선을 다한다.
양국 간 산업발전 및 협력 포럼도 열고, 조지아, 우즈베키스탄 등 주변국도 방문하며 큰 그림을 그려 본다.
방위산업 협력 및 양국 국방장관 회담도 오랜 친구, 김*진 장관의 도움을 얻어 밀사가 되어 성사시킨다.
나도 할아버질 닮아 평판이 좋았던 모양이다. 크크.
그래서 탈이다. 잘하면 KGB, CIA에게 혼나는 수 있겠다.
본부에 보고하고 서둘러 귀국한다.

다음 임지는 남미, 파라과이 산업통상부다.
반퇴한 백수가 과로사하겠다.
남미는 처음이라, 호기심 많은 나는 아순시온행 비행기에 마누라도 태우고 가장 긴 항로에 몸을 싣는다.
할아버지 생각은 또 잠시 잊어버린다.
기다려라! 이구아수 폭포야~ 마추픽추야!
마누라 신났다!
꼴통인 나를 보살피느라 40년 욕봤으니 이건 포상이오!
평생 빚진 외상값 한 방에 다 갚아버린다. 우~ 하하

3
추적,
5대 150년 세월을 쫓다!

지구 반대쪽에 있는 파라과이 아순시온까지는 세번 비행기를
갈아타야 하고 비행시간만 30시간 가까이 걸린다.
뱅기에서 식사만 5번인가 6번인가?
녹초가 되어 떨어질 즈음, 아순시온이란다.
간단히 소회를 말하면, 남미의 역사는 시작이 약탈이다.
대항해 시대는 서구가 식민지를 수탈한 역사이다.
오늘날까지도 10%의 백인이 90%의 인디오를 지배하며,
모든 것이 그들만의 리그가 되도록 교묘히 짜여져 있다.

대표적 이유는, 첫째 교육의 불평등이다.
스페인어는 동사 변화가 무척 다양하다. 교육에 열의가 없는 토착민 아이들은 초등 3~5학년에서 학업을 포기, 깽단 똘마니부터 시작하여, 마약상으로 점점 범죄에 물들어간다.

어찌 밝은 미래가 있겠는가?

둘째는 종교, 즉 가톨릭이 제 역할을 안 한다.

빛과 소금? 이것도 그들만을 위한 것이다.

영화 미션을 보았는가?

이구아수 폭포의 아름다움과 예수회 사제들의 노예가 된 토착민을 위한 항거가 잘 그려져 있다.

이건 실제 역사적인 사건이다.

난 주말이면 아내와 함께 그 촌락, 집단농장 레두시온을 여러 곳 방문한다. 잘 계획된 아름다운 집단 마을이다.

여기서 배우고, 일하며, 신앙생활을, 천국을 건설한 것이다.

하지만 고위 사제와 스페인은 토착민을 학살, 방화하여 지금은 흔적만 남아 있다. 이런 상황이 계속되었으니 20세기엔 체 게바라가 총 들고 무장투쟁을 선도하지 않았는가?

바로 윗동네 볼리비아에서 그는 참살당하였으나 많은 젊은이의 영웅으로 아직도 우리 가슴에 남아 있다.

성당도 성직자도 그들만의 리그에 취해 있더라!

셋째는 산업정책의 부재와 부정부패다.

나는 UN 기구와도 협력, 남미 주요국가를 방문하여 많은 것을 본다. 제대로 된 산업정책, 전략도 없이 대충 알아서 하는 듯하다. 구체적 방책이 없다. 나라마다 형편과 정도 차이가 있지만, 부패도 심하단다. 아직도 여전하다.

우루과이만 부패 척결에 성공하여 그래도 살만하다.
이러니 멕시코부터 아르헨티나까지 허덕거리고 있지 않은가?
남미는 밤엔 갱단과 좀도둑이 설친다.
부자 동네는 경비원을 고용해서 좋은 듯하지만, 한국인은 다 비싼 핸드폰 가지고 다닌다 하여 우선 표적이니 조심하란다.

하지만 자연환경도 좋고, 사람들은 대체로 친절하고 매우 낙천적이다. 노는 것과 축구에 대한 열정은 단연 세계 1등이다.
아르헨티나, 브라질, 칠레, 우루과이, 페루, 볼리비아, 파라과이의 흥망성쇠를 되짚어 보면서 많은 것을 깨닫고, 좋은 친구도 많이 사귀며 좋아하는 와인도 원 없이 마신다.
가격이 한국 가격의 1/4~5이니~ 크크 하하,
여러 국장과 교분을 쌓으며 많은 의견을 교환한다.
1960년대 가난을 면하고자 이민 온 백성이 이젠 산업 강국, 선진국 대열에 있으니, 그들이 어찌 놀라지 않겠는가?

파라과이 산업통상부 간부들께 한국산업 성장비결을 브리핑,
한국처럼 발전코자 열심히 배우나, 실행력이 부족 하더라.

스페인식 숙소에서 동료 자문관과, "이런 숙소를 어찌~ 얻었어?"
크크, 이게 기업인 출신의 전투력이다!

거기도 해병전우회가 있어. 3~40년 된 교민들의 눈물 어린 이민사, 애환도 들을 수 있었다.
국가의 성장 여부가 개인의 인생에도 절대적 영향을 준다.
한국인은 대체로 중산층 이상의 생활은 하지만, 오도 가도 못하는 안타까움을 털어놓는다. 시름없는 행복한 일상이었다.

이제 귀국하면 완전히 은퇴하고, 조부들 삶을 추적할 구체적 계획을 세운다. 아내도 동의한다. 에그 이쁜 사람 크크.
거처도 전주로 이전하고
어린 추억을 쫓아 고향 집, 다가공원, 신흥학교와 전주고,
예수병원 등을 다니던 중, 다가공원 밑에 있는 차영민 여사,
외갓집 고모할머니의 순국 기념비 앞에 우연히,
정말~ 아무 생각 없이 서 있었다.
그래 언젠가 외할아버지를 따라 여기를 왔었지?
기념비에 새겨진 글을 읽고서야 민족이 어둠 속에 있을 때 여명

을 재촉하는 횃불을 들고, 앞장선 선구자적 삶을 살았음을 깨닫는다. 남매가 민족의 새벽을 깨우기 위해 그리 살다,
순국까지? 정신이 번쩍 든다.
후손인 나는 까마득히 잊고 살았던 기억의 조각들이 하나둘씩 모여들기 시작한다. 그러고 보니 평북 용천, 강계가 고향인 외할아버지와 전남 영광이 고향인 할아버지가~ 어찌?
남쪽 끝, 북쪽 끝에서 와, 정읍에서 만나 동지가 되고, 사돈이 되어 나의 삶이 시작되었는지?

왜 하필 정읍으로 모였는가? 인근에 전주, 광주 등 더 큰 도시가 있는데…. 무언가 재밌는 이야기가?
아니 흔치 않은 사연이 있을듯하고, 두 분으로부터 사랑과 자존감을 물려받은 나는 그 삶을 추적하여 자식과 세상에 들려줄 수가 있다면~
희미한 기억과 추억의 조각들을 모으고, 친 외가 삼촌과 형들의 증언도 조각조각 맞추며 선각자들의 삶을 쫓아서 간다.

내가 이야기를 거창하게 각색하여 쓸 생각은 아예 없고,
그럴 재주도 없다. 우리가 어디서 왔으며 어디로 가는가?
우리 할아버지들은 그 구한말 암흑기와 개화기, 해방 후 격변의 시대를 어찌 살다 가셨나?
그저 있는 그대로 진솔하게 기록하자!
역사가 별거더냐?

일월이 바라고 기록이 남아 있다면 역사가 아니더냐?

나에게 혈육을 물려준 할아버지들, 아니 한 시골 의사와 사업가,
여성 지도자의 삶을 기록하면서 그 시대의 이면을 바로 보자!
나도 이제 70을 바라보는 나이다,
더는 미룰 수 없다! 그리 시작을 한다.
나의 어린 시절 기억과 어머니가 들려준 이야기,
집에 남아 있던 빛바랜 사진들, 외갓집 숙부, 이모들과 같이 자라
다시피 한 아버지의 기억들!
그 조각, 조각들을 맞추며, 찾아 나선다.
전설 따라 삼천리가 아닌 증언과 객관적 기록이 행여 없을까?
하며 여러 자료를 뒤지던 중, 많은 기록과 범상치 않은 삶의 역정
에 경외감에 빠져든다.
먼저 젊은 날 그분들의 주요 활동 무대인 정읍으로 달려간다.
정읍교회에서 어머니의 소녀 적(1939년 즈음) 사진도 발견하고,

양공윤, 차경삼, 넷째 이모부의 아버지인 박상욱 장로 세 분의 헌
신적인 삶도, 서로 사돈이 된 얘기도~

95세 된 전도사에게서 전해 듣는다.

차장로의 셋째 딸(차광혜)인 내 어머니는 양 장로의 큰 며느리가 되고, 넷째 이모는 박 장로의 큰 며느리가 된다.
당시엔 기독교인도 많지 않았고 특히 고등교육을 받은 인물과 가세가 든든한 신랑감이 아주 귀하던 시절이었고 주일학교부터 같이 다녔으니 오빠 친구, 동급생 오빠로 인물됨도 잘 아니~ 비교적 쉬운 혼사였는데….
양 장로 집안과 혼사엔 내 할머니의 급한 성격과 일곱 명의 동생들이 큰 걸림돌이었단다.
똑소리 나는, 내 딸 고생한다, 고
하지만 정신고녀를 나와 주일학교와 유아원 교사로 활동했던 큰 이모 광신이, 가르치던 학생 중 가장 총명하고 모범생인 아버지를 친정아버지께 적극적으로 천거하여 혼사가 이루어졌다는 에피소드가 집안에 전해온다.

빛바랜 사진, 희미한 기억이 하나둘씩 기록이 되어 살아난다.
비록, 나라는 식민지가 되어 일제의 수탈과 억압 속에서 한 줄기 빛도 찾기 어려울 때이기에 민중도 지식층도 허무와 절망, 패배주의가 만연했지만, 교회는 빛과 소금이 되고자 계몽과 다음 세대의 교육에 눈물겨운 노력을 쏟고 있었다.
사진의 모습들을 보라! 헌헌 장부, 선남선녀들 아닌가?
누가 이들을 못난 식민지 백성이라 하는가?

1930년대 중반, 정읍교회 주일학교 교사들. 앞줄 오른쪽 끝에 앉은 여성이 큰이모 차광신

빛과 소금이 되어, 모진 악정을 살아낸 대장부들 아닌가?

경성의전을 졸업한 1917년부터 3.1만세가 일어난 1919년까지 근무했다는 이야기가 있는 전주 예수병원으로 가쁜 숨을 쉬며 언덕을 오른다.
1890년경 선교사들에 의해 설립된 예수병원은 1912년에 한강 이남에선 최초로 근대식 건물과 시설, 30여 병상을 가진 최고의 병원이었다. 라 역사는 말한다.
그래서 의전을 갓 졸업한 할아버지가 전주로 이주하셨나?
총무과장과 의학 박물관 학예사를 만나, 1910년대 후반에 근무한 의사 차경삼의 기록을 찾았건만 역시 6·25 중에 퇴각하는 인민군이 모든 기록을 소실하여 아무런 기록이 없단다.

1915년경의 전주예수병원

예수병원 100년사 이야기만 담은 책 한 권 얻어 들고 실망스럽게 돌아선다. 난 어딘가에 한 줄이라도 기록이 없을까? 하고 책을 뒤진다.

다행히 1915년부터 1920년까진 미국인 의사 없이 한국인 의사 한 사람이 내과 외과를 도맡아 진료했고, 3.1운동의 온상지로 일본 경찰의 감시가 매우 심하여 병원 운영이 어렵다.
는 선교사의 보고기록도 있다.
또 다른 기록은, 그리 오래 의사가 없진 않았고, 간헐적으로 의사 없이, 케슬러 간호 부장 주도하에 병원이 운영되었다. 라 말한다.
그럼 어머니, 아버지의 기억이 사실일 확률이 높다!
1917년 4월 매일신보에서 전주병원을 개업했다는 기사를 찾는다.
의사 차경삼은 금번 병원을 개업하고 전주병원이라 명명
하야 일반진료에 응하고~~ 판독 불가.
극빈자에 대하여는 무료진료를 한다더라.

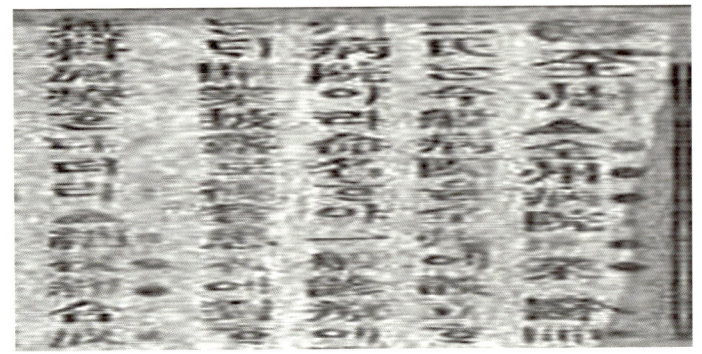
1917년 4월 매일신보 기사

그럼 수수께끼의 실마리가 풀린다.

가난한 자에게 무료진료도 하며~,
그의 성품을 잘 아는 나는 당연히 그러실 분이다!
중학 시절부터 선교사들에게 영어를 배워, 평생을 영어 일기를 썼던 그는, 의사 없는 예수병원 책임자였던 간호 부장 케슬러와 당연히 교분과 신뢰를 쌓았을 것이고, 100년사 기록도 케슬러는 몇 안 되는 신식의사들과 교분을 쌓으려 했다는 기록이 있다.

그들의 기록대로, 상당 기간 미국인 의사가 없었기에 급한 진료를 도왔고, 그의 의술과 영어가 검증되면서 자연스럽게 협진 의사 내지는, 내 아버지의 증언대로 상주 의사로 근무한 최초의 한국인 의사인 것으로 추정한다, 아니 확신한다.
근무 여부가 그리 중요한 것은 아니지만, 그의 삶이다!
할아버지 돌팔이 의사는 아니었구먼요! 크크.

에끼 놈!
그는 여기에서 광주 수피아 고녀를 나온 신여성 간호사인지? 케슬러 부장의 비서인지? 영민하고 미인인 신여성과 애달픈 사랑도 한다. 캬! 우리 할애비는 매력 덩어리! 죄송 꾸뻑,
한참 후에 알았지만, 그녀는 나의 친 외조모시다.
젊어서 병사한 불운의 여인이었다.
여섯 아이를 낳고 가족에게 지극히 헌신한 외할머니께 삼가 명복을 올린다.

그리고 2년 후, 1919년 3.13 전주 만세운동 때 서문 밖 교회, 김인전 목사를 도와 서문교회 교인, 예수병원 직원, 신흥학교, 기전 여학교 학생 등이 주동한 전주 남문시장에서의 만세운동에 주동? 기록이 없다. 가담한다'로 하자.
신흥고보 학생들과 기전 고녀의 임영신(중앙대 설립자) 등 13인의 결사대 소녀들은 체포되고, 외조부는 전주병원을 운영하며 상주 의사로 활동한 예수병원을 사직, 일경의 눈을 피해
정읍으로 도피하여 1920년 정읍병원을 개업했다는 어머니의 이야기가 정확하다.

1920년에 부임한 미국인 의사 로버트슨의 본국에 보낸
보고에 의하면, 일본 관리들은 우리가 한국 사람이 독립을
열망하는 데모를 하도록 도와주고 격려해주고 있다고
의심하고 있습니다.

- 중략

우리에게 은혜와 힘을 주십사, 여러분께서 열렬히 기도해 주실 것을 부탁합니다.

미국 측의 기록도, 1918~1919년은 미국인 의사가 없었고, 로버트슨이 본부의 지시에 의거 3.13만세 사건 후유증을 정리코자, 급거 1920년 다시 부임한 사실을 분명히 언급하고 있다. (예수병원 100년사 기록 중)

정신여고 동창회와 전북 애국부인회에 차영민의 자료를 확인코자 했으나, 불행히 자료가 없다.

다행히 집안에 전해온 대로 고모의 영향으로 정신고녀에 입학한

전주 신흥고 교정에 세워진 전주 3.1운동 기념비

큰이모 차광신과 둘째 이모 차광자의 졸업기록은 1936년 28회, 1940년 32회 졸업생임이 확인되었다
다행히 전북일보사가 1996년 특집으로 취재한, 전북 여성사 중, 전북 부인회장 차영민의 특집기사와 애통하게 돌아가신 고모를 기리는 내 어머니의 증언을 찾아내어 얼마나 다행인지 모른다.
정신고녀 전신인 연동 여학당을 입학, 1907년쯤? 정신고녀 1회로 졸업하고 고향에서 교사로, 사회운동가로 활동하다 아버지 차학연의 권유에 전주로 이주, 약국을 하며 해방 후 대한 애국부인회 초대 전북 회장으로 피선된다.
남편 김 영길은 서북청년단 전북단장을 하며, 내외가 여성운동과 구제 활동을 주도하다 6·25동란 중 순국한 차영민(차경삼의 누님) 내외의 삶도 극명히 나타나고~

많은 동료를 구하기 위해, 모진 고문도 견디며 침묵으로 일관하다, 두 내외만 인민군에 학살을 당해 혹독한 고문의 흔적이 많은 두개골이 깨어진 처참한 시체로 발견된다!
그 치열한 개벽의 삶을 기리기 위해 전주 다가공원 천변에 대한 부인회는 차영민 여사 순국 기념비를 세운다.
허나 직계 후손은 연락이 끊겨, 순국 기념비는 쇠락한 모습으로 서 있어 안타까운 마음으로 가끔씩 내가 둘러본다.

또한, 차광명 큰 외숙의 손녀들인, 조카 지원과 혜원의 도움도 받아 1910년부터의 매일신보의 기사를 채취하다 놀랍게도 1910년

에 차경삼의 강계 영실 중학교 졸업기사도 찾아낸다.

110년 전 기록을 찾은 것이다.

1920년부터의 동아일보의 많은 기사와 기독교계의 여러 논문과 증언들을 확인, 수집하여 최대한 객관성을 입증토록 노력하였다.

150년 전부터 시작된 이야기라 기록을 찾기에 힘들었지만,

힘들수록 민족의 암흑기에 일관되게 민족의 자립, 자강, 자존의 길을 달려간 선조들의 모습이 날 지치지 않게 하신다.

찾으면 찾을수록 이리 많이 기록이 남아 있었구나!

또한, 광복회 사무실에서

1977년에 발간된 독립운동사 공훈록 및 사회, 문화운동가 인명록에서 외조부 차경삼 이름 석 자와 초창기 동아일보 정읍 지국장과 고문을 역임하며 언론을 통해 민족의식을 고취하려 했고, 1920년대 청년운동을 주도하여 조선 청년연합회와 정읍 청년 구락부를 창설하며, 전국적인 청년과 농촌계몽, 교육과 여성 지위 향상을 위한 문화 사회투쟁을 한, 국가적 기록도 찾을 수 있었다.

1920년, 조선 청년연합회 창립, 정읍 청년구락부장,
민립대학 설립 운동, 동아일보 고문과 지국장,
정읍체육회 창립, 금융조합 설립. 등

횃불을 들고 앞장서, 민족의 새벽을 깨운 선각자의 삶이 생생하게 국가 기록으로 남아 있음이 내 가슴을 뛰게 한다.

더욱이 증조부 차학연 목사, 증조모 조덕순 여사의 삶도 1900년

경부터 1940년까지 많은 기록이 기다렸다는 듯이 걸어 나온다.
매일신보, 동아일보의 여러 기사와 기독교계의 여러 기록과 논문 등에서 차학연의 행적과 사상을 미루어 볼 수 있는 여러 기록을 찾아내었다.

아들과 며느리를, 어린 손녀와 손자가 믿음이 있도록 가르친 고조부 차창준의 삶도 미루어 짐작이 가능한 시대적 정황과 가족들의 행적을 찾을 수 있었다.

나라와 민족이 아무런 희망도 없이 어둠에 갇혀, 길을 찾지 못할 때, 어린 남매를 훗날 민족의 동량으로 쓰임을 받게끔,
기독교 교육과 1900년부터 교회와 학교에서 신학문을 배우게 하여 경성의전과 정신고녀에 입학시킨 이유를 찾을 수 있었고, 또한 서방 선교사에게 모든 것을 의존하였던 1910년경의 교회 사회에, 정읍의 최중진 목사와 함께 자강과 자립을 외치며 독립교회 사상(자유교회)을 주창, 평생을 일관되게 민족주의적 목회활동을 한 시대적 배경과 교계의 분위기를 미루어 볼 수 있는 여러 기록도 찾아진다.

또한, 외조부의 집안 동생인 **차경섭 박사(차병원, 차의대 설립자)** 가족의 족적도 함께 자연스레 찾을 수 있었다.
그의 부친, **차형준 목사(평양 신학교 1911년, 4회 졸업)**의 평안북도, 만주 등지에서의 목회자 기록과 만주 선교사로 파송되어 암암리 간도 한인촌과 광복군 조직을 연계시킨 정황도 찾아진다.

정읍교회 목회 기록과 사진도 찾고~
한국 기독교 사에 굵직한 족적을 남긴 교회사적 기록도~,

1900년대 암흑의 시대에 차학연과 차형준 목사, 집안 형제가 함께 장로로, 목회자로, 지역 리더로서 서북 사회의 개벽을 위해 교회와 학교, 근대식 병원을 세우며 민족계몽과 하나님 나라가 임하도록 고난의 삶을 스스로 달려간다.
그리고 시차는 있지만 비슷한 시기에 전주를 거쳐 정읍으로 이주, 교회를 세우고 목회자로 비슷한 삶을 살다 간다.
총명한 아들, 경섭을 세브란스 의전으로 보낸, 당시 집안과 시대적 정황도 듣고~ 이렇게 모두 선각자가 되어 민족의 새벽을 깨운 기록이, 세월 속에 생생히 살아있음을 전한다.

더욱이 내 조부 양공윤 장로는 의사 차경삼과 동지가 되어, 상인연합회, 정읍 최초의 유아원 창립, 동아일보 정읍 지국장, 고문과 정읍교회 장로로 정읍 사회를 함께 깨운 기록과 지역 발전, 민족계몽을 위해 헌신한 족적과 증언을 생생히 채취할 수 있었다.
친가, 외가의 옛 집터도 정읍교회의 노 전도사의 기억과 옛 주소와 부근 상인들의 기억이 함께하여 찾아낼 수 있었다.

해방 후, 1947년 전주 고사동 객사 길에 새 터전을 마련,
전주로 이주하여 후에 사돈이 된, 차영민 여사 내외, 둘째 이모 내외(차광자, 김성배, 찬양대 첫 지휘자) 등, 친가, 외가가 합심하

여 신앙 노선이 같은 유지들과 함께 1948년 8월 15일에 전주 신흥교회를 다가동에 창립하며 온 가족이 하나님께 헌신한 기록도 신흥교회 53년사에서 모두 찾아낼 수가 있어 참으로 기뻤다.

유년 시절 철모르고 다녔던 그 교회에 60년 만에 돌아가 예배를 드린다. 초창기부터 다니셨던 원로 장로, 권사 분들이 교회의 뿌리가 왔다며 반갑게 맞아주신다.

할아버지, 할머니 등, 가족들 기억도 회상하시고, 3~4대가 함께 교회를 위해 지금도 온 가족이 함께 헌신하는 원로장로들의 모습들은 참으로 감동 그 자체였다.

하나님 참 오래 참으셨습니다.

허락하신 모든 것에 감사드립니다

아~ 하나님은 이리, 그들의 헌신을 기뻐하셨고, 빠트림 없이 기록으로 남기고 누군가가 이 기록을 정리하여 세상에 빛으로 드러나게 하시는구나!

이 순간도 난 감사기도를 드린다.

주여! 내 조부의, 아니 우리 모두의 조부들 헌신을 이리 귀하게 증거 하십니까?

이 민족을 여기까지 인도하시어 축복하심을 감사에 감사를 드리며 지경에 지경을 더하소서! 아멘~ 아멘!

이제 그 기쁘고도 슬픈 이야기들을 하나씩 가슴으로 기록고자 하오니, 주여! 날 지치지 않게 하소서!

4
1893년 출생,
1917년 경성의전 졸업

차경삼은 1893년 구한말의 격동기에 평북 용천에서 차학연 장로의 늦둥이 외아들로 탄생한다. 위로는 1890년생인 누님 차영민이 있고, 누님 한 분이 더 있다 하나 어려서 사망했는지 집안에 전해진 이야기도, 호적상 기록도 없다. 세 번째 아이, 그래서 이름에 석 삼자가 들어간 경삼으로 지어진 모양이다. 소년 경삼과 누님 영민이 성장한 1890년부터 1910년경은 우리 민족에겐 지울 수 없는 수치스러운 격동의 세월이었다.

    1884년 갑신정변이 삼일천하로 실패하나 개화사상과 외세는 물밀 듯이 반도를 할퀴어 간다.
    1894년 동학혁명,
    1895년 청일전쟁과 명성황후 시해,
    1896년 아관파천과 독립협회 창설,
    1897년 쓰러져 가는 나라를 다시 세우고자 고종은 대한제국

을 반포하지만, 몰락해가는 국운을 되살릴 수는 없었고,

1898년 종로에서 1만여 명이 모여 만민공동회를 열고 자주독립을 주창하지만, 세계정세는 정의가 없는 제국주의가 판치던 시절, 메아리 없는 약소민족의 외침일 뿐이었고,

1904년 러일전쟁.

1910년 일본에 의해 끝내 병탄을 당한다.

용암포의 위치

특히 소년 경삼이 자란 평북 용천 군 용암포와 그 주변은, 러시아와 일본이 조차지 문제로 직접충돌을 시작한 러일전쟁의 발원지이기도 하지만, 하삼도 문물을 모아, 중국, 만주, 러시아와 교역이 많았던 개화 기상이 높았던 지역이다.

나는 현대 자동차연구소 시절, 일본의 신차설계기술을 배우기 위

해 일본 유수의 자동차회사를 방문, 그들의 발전을 부러워하며 역사를 반성, 반추해 왔다.
우린 100년간 머 했지?
조선은 왜? 임진왜란, 병자호란을 당하고도,
나라를 바로 잡지 않고 국제정세는 보려 하지도 않아,
내 땅은 남의 전쟁터가 되고 내 민족은 식민지 백성이 되어 모진 고초를 당해야 했는가?

대원군이 집권한 1860년대는 한일 양국 모두 쇄국 상태였다.
일본도 막부 수구파와 근왕 개화파의 내란 끝에, 개화파가 승리하여 1867년 메이지 유신을 단행하여 나라 문을 열고, 서구 문물과 제도를 받아, 30년 만에 근대국가로 등장한다.
이 30년의 어리석음이 100년간의 수치와 고초로 이어졌구나!
조선은 민비, 대원군의 권력 싸움과 국제정세는 판단치 못한채 서로 외세를 개입시켜, 스스로 개혁할 의지도, 시기도 놓치고 나라는 결딴난다. 여러 이유가 많겠지만

나라도, 기업도, 개인도 흥망성쇠는 Timing이다.
지도자의 방향과 의지이다.
조선은 못난 왕실에 의해 민초는 처참하게 도륙을 당한다.
언제? 어떤 방향을? 결정하느냐가 지도자에겐 가장 중요한 책무라 난 생각한다. 그 잘못으로, 우린 근대 100년간 지질히도 못난 백성으로 치부되고 말았다.

고조부 차창준, 증조부 차학연, 집안 형제 차형준의 가족은 그 수치스러운 역사를 바라보며, 사대부로서 민족을 깨우고 나라를 다시 일으켜야 하는 의지를 다짐하며,
유교 중심적 사상과 신분 차별, 한학의 한계를 깨닫고,
누구보다 먼저 과감히 실학과 신학문을 배우며,
죽을 각오로 기독교를 받아들인다.
당시 구한말은 기독교, 천주교 신자, 수천이 전국 곳곳에서 목 베임을 당하던 시절 아닌가?

이대로는 안 된다! 이제 새 세상을 열어야 한다!
하나님의 공의를 외치며 일곱 교회를 세우고,
1905년경 강계 교회와 함께 영실 중, 명신 학교와 근혜 병원을 설립, 민족계몽과 구제를 시작한다.
또한, 서북 사회는 1811년 홍경래의 난이 100일에 걸친 정주 읍성 농성 끝에 진압된 후, 꿈꾸던 평등한 차별 없는 세상도, 벼슬길도 막혀, 차별과 울분의 세월을 보내야 했기에 청나라와 교역에 몰두하며 새로운 세상의 길을 찾는다.
세칭 만상이라 불리는 거상 임상옥의 후예, 의주 상인들은 용암포 포구를 이용, 호남, 충청 등지의 하 삼도 문물을 모으고 활발히 중국과 러시아와 교역을 하며 부를 쌓는다.
어느 지역보다 빨리 중산층이 형성되어, 신문물과 사상에 조선 어느 지역보다 먼저 눈을 뜬다.
1874년부터는 만주에서 활동하는 스코틀랜드와 캐나다 출신의

선교사들과 상업상 교분을 쌓다가 기독교를 받아들이고, 1879년 의주 상인 4명은 세례도 받는다.

특히 의주, 정주, 강계 등엔 1870년 후반경에 신앙공동체를 설립, 선교사 없이 이미 자치적으로 운영되기 시작한 것이 정설로 되어 있다.
후에 기록할 1867년?생인 증조모 조덕순 여사가 "어려서부터 예수를 믿어서~" 라는 증언을 미루어 볼 때, 더욱 분명해진다.
1884년엔 성경도 만주에서 번역, 인쇄되어 수천 권의 단행본 신약성경이 한반도로 반입 뿌려진다.
그렇게 서북 사회는 기독교를 가장 빨리 받아들이고, 그 사상을 실천하는 개혁적, 진취적 분위기가 팽배한 지역이었다.
이러한 구한말 정세와 서북 사회의 울분이, 가난과 무지가 가득한 암흑의 반도 땅에 새로운 사상과 종교, 교육이 필요하다는 생각을 하고 기독교를 중심으로 하는 개화 문명과 사상을 절감한다.

이미 기독교 믿음을 받은, 할아버지 차창준과 아버지 차학연, 모친 조덕순의 의지로, 누나 영민과 소년 경삼은 기독교에 입각한 신교육을 어느 가정보다 가장 빨리 받게 된다.
특히 부친 차학연의 열렬한 교육열과 확고한 민족정신, 열정적인 민족계몽을 위한 목회활동, 선교사에게만 의지하지 않고 민족 중심의 자존, 자립, 자강의 길을 외친 독립교회 사상 주창, 기독 공보 발간 등, 삶의 궤적이 충분히 웅변한다.

집안 동생, 차형준은(차병원 설립자 차경섭 박사의 부친)
평양 신학교로 진학을 하여 4회로 졸업하고, 고향에 돌아와 의주 교회 강도사로 목회활동을 시작한다.
이렇게 집안 전체가 하나님을 믿으며, 나라가 망해가는 절망의 시기에, 꺼져가는 희망의 불씨를 지피기 위하여 필사적으로 빛과 소금의 길을 달려간다.

세 살 터울의 남매가 함께 손을 잡고 매서운 평북의 겨울바람을 맞으며 용암포 보통학교를 마친다.
1903년경 증조부 차학연은 14살 어린 딸을 한양으로 데리고가, 정신고녀 전신인 경성 연동 여학당에 입학시킨다.
네가 먼저 깨우치고, 어둠에 갇힌 여성과 민족을 깨우라!
당시 사대부라도 여성 교육은 생각지도 않았으나,
차학연의 생각은 시대를 뛰어넘었다. 강렬했다!
몇 년 전, 개화기 독립투쟁을 그린 드라마 "Mr 션 샤인"에 이화 학당에 다니는 여학생들의 모습을 보며 할머니 생각을 한다.
바로 그때다! 정신고녀를 다닌 것이다.
내 어머니의 증언에 의하면, 누나 영민은 1907년, 1회로 연동 여학당의 후신인 정신고녀를 졸업하고 고향으로 돌아와 아버지를 도와 교회와 학교의 교사로 활동하며 청년 계몽에 앞장선다. 누님의 이런 모습이, 소년 경삼에게 얼마나 긍정적인 영향과 자각을 일깨워 주었겠는가?
또한, 아버지가 출석한 강계 교회의 위트모어 선교사에게 서구사회 이야기도 듣고, 책과 사진으로 서구 문물도 구경하며 호기심 많은 영민한 소년 경삼은 아름다운 꿈을 꾼다.

나는 할아버지가 어디서 중등교육을 받고, 경성의전에 진학할 실력을 키웠는가? 하는 의문을 가지고 그의 행적을 좇다가 조카 차지원 교수의 도움으로, 극적으로 1910년 9월, 강계의 영실 중학교를 졸업한 기사를 매일신보에서 찾아낸다.

강계군 야소교회 내 영실 중학교에서 7월 1일에 제1회 졸업식을 거행하였는데 졸업생은 김 기벽, 차경삼이오. 내빈은 군수, 경찰서장, 재무서장과 유지신사가 다수가 참하였고~

차경삼은 자조자 라야 천조자! 라는 문제로 연설함으로~

즉 스스로 돕는 자를 하늘도 돕는다! 란 뜻이다.
평북 시골의 중학교 졸업식에 기관장과 400여 명의 군민이 참석했단다. 대단한 관심이다.

신교육이 시작된 시대상을 엿볼 수 있는 기사라 생각된다.
소년 경삼은 이 철학을 지니며,
청년과 민족계몽을 위한 경세가적 신념을 평생토록 일관되게 지켜나간다. 문물이 풍성한 부강한 나라!
선비정신, 홍익인간 사상이 가득한 나라!
이런 꿈을 꾸고 식민지 백성으로 멸시받지 않고 백성을 계몽하기 위해선, 무장투쟁도 중요하지만 긴 안목으로, 전문직업의 필요성을 절감하고, 아버지의 권유와 타고난 성품대로 의사가 되길 결심한다.
소년 경삼은 최초의 관립 의학교인 대한의원 부설 의학교에 입학(당시 3년제), 1916년 총독부에 의해 4년제로 학제개편과 경성의학전문학교로 개칭된 관립 의학교인 경성의전을 1917년 1회로 졸업한다.
평생을 깨어있는 의사로서, 민족과 조국의 고통을 가슴앓이하는 지사의 길을 가게 된다.

우리의 근대 의료사업과 교육은 그 시작이,
혜민서의 목적에 서양 의술에 의한 진료와 서양의학을 교육한 제중원에서이다. 알렌 공사에 의해 신분을 가리지 않고 선발, 교육된 7명의 의사가 최초로 1907년 탄생 된다.
멸시받던 백정의 아들에서 백성의 고통을 덜어주는 의사가 되어, 만민의 피 색깔은 똑같이 붉더라!. 사상을 실천한 박서양과 6인은 진료 활동과 세브란스에서 후학을 양성한다.

경성의전 1917년 1회 졸업생 명부(출처: 서울의대 동창회)

1910년경 대한의원(현 서울의대 박물관)

▲ 대한의원 의관(醫官) 겸 교수인 우치다(內田徒志)가 독일 유학을 떠나는 것을 기념하여 1910년 6월 2일에 찍은 사진(서울대학교병원 병원역사문화센터

1910년, 경성의전 전신인 대한 의학교 학생들

경술국치 후에 7인 모두 독립군 군의가 되어 만주 벌판에서 장렬한 순국의 길을 걷는다.

제중원은 여러 사정으로 미국 공사 측으로 운영권이 이양되어 세브란스 병원과 의학전문학교로 발전하다, 독립 후에 연희대학과 통합한 세브란스의대는 오늘날의 연세 의대가 된다.

고종은 서양 의술의 중요성을 절감하여

1899년 관립병원인 대한의원과 3년제 부설 의학교를 설립,
종두법을 개발, 백성의 고통을 덜어준 지석영 교장의 지도로 체계적인 의사 양성과 근대식 진료체계를 확립시켜 나간다.

총독부에 의해, 1916년 4년제 경성 의학전문학교와 부속병원으로 확대 개편되어 1917년 1회 졸업생 48명을 배출하며 발전해 나간다.

차경삼은 상술한 최초의 의사 박서양 외 6인보다 10년 늦게 의사 면허를 받는다. 명단 오른쪽 하단부에 차경삼 이름이.

먼 옛날이야기가 아니었구나!

그는 나에게 생명을 주었고, 병약한 나를 치료했으며,
더욱이 그는 나에게 넓은 세상을 보이고 꿈도 주셨다

나는 그의 삶을 계속 추적한다.

호적등본에서 1917년 전주로 아버지 차학연 목사와 함께 전주로 이주하였음을 확인한다.

어디엔가 전주에서의 행적이 없을까? 헤매던 중 1917년 4월 매일신보에서 차경삼이 전주병원을 개업했다는 기사를 찾는다.

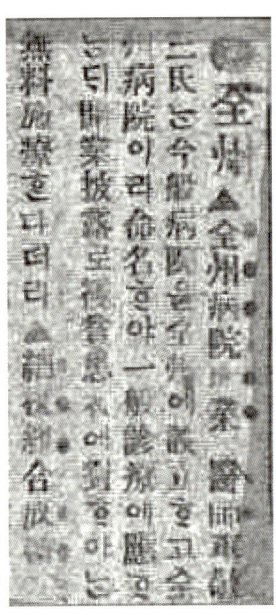

의사 차경삼은 금번 병원을 설립하고 전주병원이라 명명하야 일반진료에 응하고~ 극빈자에 대하여는 무료진료를 한다더라.

그럼 수수께끼의 실마리가 풀린다.
전주병원을 개업한 차경삼은 궁민 무료진료도 하며 의사로서 책임을 다하려 한다. 젊어서부터 선교사들로부터 영어를 배워, 평생을 영어 일기를 쓸 정도로 영어에 능통한 그는 예수병원 책임자인 간호 부장 케슬러와 당연히 교문을 쌓았을 것이고, 상당 기간 미국인 의사가 없었기 때문에 급한 진료를 도왔을 것이며, 자연스럽게 협진 의사 내지는 때로는, 내 아버지의 증언대로 상주 의사로도 활동한 것으로 추정한다. 내 부모의 증언만 있을 뿐 예수병원의 옛 기록은 모두 소실되어 찾을 수 없어 안타까웠다.
그리고 2년 후,
1919년 3.13일 전주 만세운동 때 서문 밖 교회(현 서문교회) 김인전 목사를 도와 서문교회 교인, 예수병원 직원과 신흥학교, 기전 여학교 학생 등이 주도한 전주 남문시장에서의 3월 13일 만세운동에 예수병원 직원들과 같이 가담한다,
그리고 아버지 권유에 따라 일경의 눈을 피해 예수병원을 사직하고 종적을 감춘다.

1920년에 부임한 미국인 의사 로버트슨의 본국에 보낸 보고에 의하면,

일본 관리들은 우리가 한국 사람이 독립을 열망하는 데모를 하도록 도와주고 격려해주고 있다고 의심하고 있습니다.

- 중략

우리에게 은혜와 힘을 주십사고 여러분께서 열렬히 기도해 주실 것을 부탁합니다. 미국 측의 기록도 1918~1919년은 미국인 의사가 없었고, 로버트슨이 본부의 명에 의해 3.13만세 운동 후유증을 정리코자, 급거 1920년 재 부임한 사실을 분명히 언급하고 있다.(예수병원 100년사 기록 중)

상기 기록을 미루어 보면 일제 경찰은
예수병원이 조직적으로 만세운동에 가담한 것으로 판단하나, 물증이 없어 감시의 눈만 번득이고 있던 형국이었다.

그 후, 전주 3.13만세 사건 1년 후
의사 차경삼의 기록은 1920년, 돌연 정읍에서 노동공제회, 조선청년연합회, 정읍 청년 구락부를 연달아 창립하며 청년운동과 민중 계몽의 중심인물로 나타난다.

당시 그는 28세였다.

그의 독립전쟁을 시작한다.

그 후 30년 넘게 매일신보와 동아일보 등 언론은 그의 행적을 역사에 기록한다.

5
1920년 독립전쟁의 시작, 조선 청년연합회 창립

나의 첫 번째 의문은,
왜 평북에서 경성을 거쳐 전주, 정읍으로 외갓집이 이주했냐
는 것이다. 외가 증조부, 차학연 목사가 가족의 이주를 주도적으
로 이끈 이유가 무엇인가? 당신의 아들, 딸, 집안 동생, 조카들까
지, 몽땅 총원 집합을 한 형국이다.
아들 차경삼은 물론, 딸 차영민, 사위 김 영길, 집안 동생 차형준
의 가족들(아들 차경섭 박사 포함) 전주와 정읍으로 192~30년대
에 이주를 한다.
거기에 나의 친조부 양공윤 장로까지~

그는 선교사의 후원으로 광주 숭일학교를 마치고 신문물이 넘치
는 일본으로 도항(1910년경), 일본에서 마련한 사업 Network과
Seed money를 가지고 1918년경 정읍에 정착, 광영당이란 상호

로 신문물과 직물과 의류 유통업을 시작한다.
짧은 시간에 상업 기반을 닦고 큰돈을 번다.
그리고 두 가족은 교회와 정읍 사회에서도, 후에 이주한 전주에서도 동지적 관계를 지속한다.
어찌 이들은 모두 객지인, 정읍으로 이주한 것일까?

잠시 그 당시 사회적, 지리적 배경을 짚고 가야 한다.
호남의 전통적인 큰 도시는 예로부터 전라 감영이 있던 전주이다. 그리고 나주, 전주의 전 자와 나주의 라 자를 따와 전라도다.
광주, 목포, 여수, 군산, 익산 등은 일본 강점기에 수탈을 위해 전략적으로 개발된 도시였다.
정읍은 전통적인 큰 읍이었고 물산이 풍부한 지역 중 하나였으며, 많은 사대부가 살던 유복한 지역인 데다, 가까운 부안, 김제, 고창, 태인 등의 소금과 쌀이 모여들기 쉬웠고~
더욱이 소위 신작로라는 많은 도로와 호남선이 개통되면서 전라도, 경상도 물산이 모이고 전국으로 팔려가는 상업 도시로 성장한다. 더욱이 동학이 일어난 중심지역이 아닌가?

나는 이 기록을 전하기 위해,
선교사로 활동 중인 친구 안 한준 내외와 오랜 친구인 송계호, 사진작가이자 시인인 박상모 군의 도움으로 정읍을 여러 차례 방문, 조부들의 젊은 날 활동 무대인 정읍 시내도 둘러보며, 제일교회도 방문하여 사진도 찾고, 친가와 외가, 숙부와 이모, 고모들을 아직도 기억하는 총기 넘치는 95세의 오전도사로부터 귀한 증언도 듣는다.

한준의 처가인 칠보면 송 씨 종가도 방문하여 즐비한 옛 사대부의 고택과 무성서원도 답사, 동학혁명 기념관도 둘러보며, 인내천, 백성이 곧 하늘이다!

그 기상과 시대를 초월하는 사상에 한없는 경의를 표한다.

이렇게 옛 살림살이와 기풍을 미루어 볼 때, 정읍이 결코 예사로운 농촌 지역이 아님을 깨닫는다.

이런 곳이니 평등한 세상을 꿈꿔 불같이 봉기했으며 이 땅이 어둠에 갇혔을 때 횃불을 들고 민족의 새벽을 독촉하였구나!

또한, 유지들은 개화와 계몽에 앞장섰으며, 많은 돈을 모아 상해 임시정부에 보태고, 이 민족이 살아있음을, 문명한 독립국이 되길 갈망하며 행동하였구나!

이승만 박사와 김구 선생, 군정장관 하지 중장(1946년경)

그러니 김구 선생은 해방 후, "정읍에 신세를 많이 졌다~" 며, 1946년 초, 방문하여 군민에 특별히 감사를 표한다.
이승만 박사는 정읍에서 해방 후 1946년 6월에 최초로 국민대회를 열어, 남한만이라도 독립 정부를 세워야 한다. 외친다.

또한, 교회사 적으로도 깨어있는 민중이 많이 있어, 다수의 동학교도와 사대부는 인내천 사상과 기독 교리의 많은 일치성과 유사성을 깨닫고 기독교도로 개종을 한다.
한국은 세계 선교사 측면에서도 지식층이 자발적으로 기독교도가 된 유일한 사례이다.
역시 동학교도였다가 평양 신학교를 2회로 나온 최중진 목사가 중심이 되어 자생적으로 기독교 전파가 전주와 함께 가장 활발한 지역 중 하나였다.
특히 최중진 목사는 서양 선교사들의 우월주의적 포교활동에 반기를 들고, 선교사들에게 의지하지 않고 민족 자립으로 기독교를 전파하는 독립교회 운동을 정읍, 태인 옥구 등에서 벌려 교세 확장과 많은 지지를 받는다.
하지만 다소 모순된 언행으로 곧 선교사와 보수적 교단의 징계와 파문을 당하여 교세는 위축된다.
하지만 진취적 기상이 높은 평북은

차학연 장로가 중심이 되어 독립교회 운동은 꾸준히 확산이 되고, 차학연, 차형준 형제는 각각 목사 안수와 평양 신학교를 나와 목회를 하며, 민족계몽을 위한 학교와 병원, 교회를 잇달아 설립하며 만주 지역까지 선교사로 파견되어 동포 계도에 앞장선 사실이 많은 기독교 사 논문에서 확인된다.

증조부 차학연 목사는
전주 3.13 만세운동을 주도한 아들 경삼도 일경으로부터 보호할 겸, 물산이 풍부하고 상업도 발달했으나 세칭 신식의사가 없던 정읍을 새로운 삶의 터전으로 생각하지 않았나?
미루어 본다. 또한, 최중진의 파문으로 독립교회 운동이 위축 된 정읍으로 이주, 민족 자립으로 기독교를 전파하고 민중을 계몽해야 한다는 독립교회 정신을 이어 가고자 하는 신념도 있었을 것으로 추정된다.
그리고 자리가 잡히자 평북 강계, 의주와 만주에서 목회와 선교를 하던, 집안 동생 차형준 목사(차병원의 차경섭 박사의 부친)를 친조부 양공윤 장로에 추천하여 정읍교회(현 정읍 제일 교회) 담임 목사로 청빙케 된다.
이 이야기는 후에 차형준 목사와 그의 아들 차경섭 박사 편에서 다시 하겠다.

당시 정치 상황을 보면,
1895년, 동학 혁명군 진압을 위해 일본군을 불러들인 후론
　　　　거의 대한제국은 거의 국권을 상실하여,
1910년, 식민지로 전락하는 치욕적인 역사가 일어난다. 많은 의
　　　　병과 애국지사의 항쟁을 진압하고, 통치 기반을 형성코

자 일제는 잔인한 무단통치를 시행한다,
1919년, 3.1 만세운동이 일어나고 해외 언론에도 대서특필되자, 국제적 망신을 당한 일본은
1920년, 소위 문화통치로 그 방향을 전환한다.

이에 맞서, 조선의 지도층은 청년운동과 농촌계몽, 근대식 교육과 기독교 전파 등에 주력하고자 지속적인 조직과 전국적 연대가 가능토록 각 지역에 1920년 7월 이후에 동시다발적으로 청년회를 창설하여, 1920년 12월 2일 116개 지역 청년회, 총 251개 청년단체가 가입한 조선 청년연합회를 발족하여 합리적 투쟁과 인재양성 등 장기적 안목으로 전환한다.

한편, 상해 임정을 중심으로 김구 선생과 김좌진 장군, 김원봉 등이 이끄는 광복군과 한국 애국단, 조선 의혈단 등의 무장투쟁 역시 더욱 치열해진다.
왜놈 몇 죽인다고 독립이 되느냐? 라는
비아냥거림에 그들은 답한다.
"물론 안 되겠지, 하지만 조선 청년 우리가 싸우고 있다는 것을 알려야 한다며~"
그들은 조국을 찾기 위해, 풍찬노숙, 돌베개를 마다하지 않는 헌신과 희생, 끝내는 감옥과 죽음뿐인 그 숭고한 역사의 길! 민족 대의의 길! 가고 있었다.

역시 28세의 청년 차경삼 역시,
자신만의 안락함을 버리고 민족의 대의에 앞장서 나선다.
정읍 최초의 현대식 병원인 정읍의원을 개업하고 타고난 겸손과 온화한 인품으로 실력 있는 인자한 의사라는 평판을 얻어, 짧은 시간에 청년 유명인사가 된다.
이에 힘 얻어,
그는 많은 민족 지도자와 전국적으로 산재해 있는 경성의전과 세브란스 의전 출신 친구들과 함께 분연히 일어나 조선 청년연합회와 각 지역에 청년회를 창설하는 주역으로 역사 앞에 나선다.
경성의전 학생은 3.1운동 때 31명이 제적당하고, 세브란스 의전은 4명이 제적을 당하는 민족의식이 높은 조선의 엘리트였기에 이런 연대가 가능하였다.
다행히 전술한 바와 같이, 100년 전 그들의 행적을, 보훈처가 만든 독립운동사와 일제하 사회운동가 인명록이 증명하고 있어 참으로 감사 하였고, 역사의 기록이 얼마나 중요한지 다시 깨닫게 한다.

동아일보 1920년 7월 15일 자는
청년구락부는 5일, 임시회장 차경삼 군의 본부취지 설명 후에, 임원선거를 행하고 내빈축사가 연이어 있었으며 우천에도 불구하고 회원 80여 명과 내빈 20여 명이 참석한 당시 미증유의 성황을 이루었다.
부장에 차경삼, 총무에 박 종규 등 선출된 임원도 당시 신문은 기록하고 있다.

1920년 거국적 민족운동과 독립투쟁의 특징 중 하나는 청년 학생 운동이었다. 특히 3.1 만세운동이 일제의 폭압으로 많은 희생자를 내고 주저앉자 민족 지도자들은 합리적 대안으로 청년운동과 농촌계몽 운동을 전국적으로 추진코자 한다.

지역별 청년회와 조선 청년연합회를 창설하여 전국적인 조직력을 형성, 물산장려운동과 일본상품 불매운동, 생활개선 운동과 금주, 금연운동을 전개한다.

동아일보 920. 7.15일 자, 청년 구락부 총회. 기사 내용

민중이 깨어있도록 교육과 계몽에 힘쓰고,
근면한 자조 정신을 바탕으로 경제적 자립 자강만이 잃어버린 국체를 되찾는 지름길이라는 시대적 책임을 28세 청년, 차경삼은 기꺼이 앞장선다.

그리고 해방 전까지 지속해서 일관되게 청년운동을 통한 민중 계몽, 독립사상 고취, 여성교육 확대, 문화 체육 활동 등을 전개해

나간다.

동년 9.2일 자는

노동공제 정읍지회가 8월27일 발회식을 차경삼의 경과보고, 경성 본회장 박 중화 씨의 격려사 등으로 진행, 대성황을 이루었는데 참례자는 회원과 내빈이 1500여 인에 달하였다고 기록한다. 조선 노동공제회는 1920년 4월 11일 창립된 한반도 최초의 사회주의적 성향이 짙은 전국적 노동단체이다.

1920.9.2.일, 노동공제회 정읍지부 창립, 동아일보 기사

창립총회에서 채택된 선언문에는 노동자들이 "민족적, 계급적으로 이중의 압박과 착취의 대상이 되고 있다"며,

"우리는 압박과 착취와 굴욕을 묵인하지 않는 무저항의 저항으로써 민족적, 계급 적으로 해방될 때까지는 항상 임전의 태세로써 생활할 것을 각오"한다는 내용이 담겨 있었다.

초기에는 진보적 지식인 청년들을 중심으로 계몽 활동에 주력하

였다.

1921년 3월에는 서울 6,700여 명과 지방 11,000여 명에 이르는 회원이 가입할 정도로 성장하였다. 지식인과 청년들 외에 신문 배달부, 연초 공, 인쇄공, 지게꾼 등도 많이 참여했으며, 지역 조직도 대구를 시작으로 평양, 안악, 개성, 정읍, 군산, 신창, 신천, 광주, 안동, 인천, 영주, 청진, 진주, 경주 등의 지부를 설치하며 전국 조직으로 발돋움했다.

특히 조선 노동공제회가 1922년 4월, 소작인 조합의 결성을 결의하고, '소작인은 단결하라'라는 선언을 발표하면서 전국 각지에서 소작인 회, 소작 조합 등의 농민 단체들이 급속하게 결성되게 되었다. 또한, 주요 강령은
① 조선 노동 사회의 지식 계발, ② 저축의 장려, ③ 품성의 향상,
④ 위생 사상의 향상, ⑤ 환난 구제 및 직업의 소개,
⑥ 일반 노동 상황의 조사. 근대적 의미에서 노동자들의 상호 부조 및 계몽 운동 단체로서의 성격이 강했다고 할 수 있다. 라 역사는 기록 한다.
사회주의 성격도 드러나지만, 민족주의적 독립운동의 일환이라 후대는 평가한다.

1920년에 1500여 군민이 모여 노동단체를 결성하였다?
나는 이 기록을 보고 놀란다. 민중은 깨어나고 있었다.

그는 의사만이 아닌 그의 독립전쟁을 하고 있었다.

중앙과 지역을 연계하여 중앙회장을 내려오게 하고, 1500여 군민을 모아 계급타파와 민주적 노동운동을 시작한 것이다.

전국서 5번째로 창립한 정읍지부와 경과보고를 한 차경삼, 정읍지부 발족을 위한 많은 연락과 실무를 그가 주도한 것이다. 청년 차경삼과 정읍 유지들은 전국적 Network을 유지하며, 억압과 차별, 수탈과 착취에 허덕이는 조선을 위해, 청년운동과 계몽 강연회, 야학 운영, 소작인 보호에 매진한다.

이 노동운동은 수년 후 진주에서 시작된 백정과 갓바치들의 형평사 운동의 단초가 된다.

당시 조선은 가난한 자, 못 배운 자, 출신이 낮은 자에 대한 차별과 멸시가 여전하던 시절이다.

소설 토지에도 그 차별과 회한, 저항이 잘 그려져 있다.

나라도 빼앗긴 백성이, 더 힘든 백성을 차별 억압하는,

지지리도 못난 짓을 더는 해서는 안 된다!

그는 독립만이 아니고, 민주적 기운이 가득한 대한의 민국, 만인이 평등하며 홍익인간 기상이 넘치는 나라를 이미 꿈꾸고 있음을 깨달은 손자는 이제야 경의를 표한다.

조부들이 있어 오늘의 우리가 있습니다. 감사합니다!

의사로 생업을 이어 가면서도 지속해서 계몽강연, 야학운영, 소작인 보호운동, 서민을 위한 금융조합 설립에도 참여하는 등 자

립경제 확립을 매우 중요시한다.
그는 경제적 독립 없이 민족의 독립도 없다는 근대 자본주의적 논리를 이미 꿰뚫어 보았다.
의사 차경삼은 더욱 재밌는 사건을 연달아 터트린다.

1921년 7월15일 동아일보는,
정읍 청년회관에서 차경삼 씨 사회로, 독립투사 강 계동과 임 택용이 "가정의 개조를 논함", "오인의 자각"이란 주제로 오랫동안 옥고를 치렀다가 출옥 후 첫 부르짖음으로 열렬한 강연을 하였고, 다음 날은 광주로 출발한다고 기록한다.

나는 이 기사를 보고, 새삼 놀란다.
3.1운동 여파로 일제의 감시도 심했을 터이고, 당신도 전주 3.13 만세 사건으로 감시가 있을 텐데 독립운동가 출옥 강연회를 열었다? 상당한 깡인데~
온화한 당신의 이미지와 맞지 않은 듯하여, 속으로 웃으며 외유내강이셨구나!

매일신보도 같은 내용의 기사를 싣는다.
학우회 정읍 강연!
전주에서 강연 중 불온한 언사가 있다 하야, 경찰서에 검거되었던 학우 강연단 제1대 중 강 제동, 박 용택 양씨는 8일 당지에 도착하여 청년회관에서 회장 차경삼 군의 사회하에 강연하였는데~

조선은 빼앗겼지만, 민중의 얼은 살아있어 자강 자립의 길을 끊임없이 모색하고 있었다.

이제 여성도 나서야 한다!

그는 여성과 가정의 행복을 위한 대형이벤트를 은밀히 준비하고 있다. 바로 여성 운동가 차미리사? 아니 김미리사와?

함께, 원래 차씨였으나 미국 유학 중, 남편 성을 따라 김 미리사로 개명한 것이다. 미리사는 세례명이다.

1920년대 대표적 여성 운동가였고 후에 덕성여고, 여대를 설립한 열혈 독립운동가이다.

그녀와 연통하여 정읍에선 최초로 여성계몽을 위한 대형집회를 준비한다. 일제는 환장한다.

이노무 차상인지? 구루마(수레의 일본말) 상인지?

또 강연회를 열어? 이노무 스키 잡아 너? 말아?

빠가야로, 괘씸하지만 그냥 놔두어! 괜히 벌집 쑤시지 말고~

일경은 팔짱을 끼고 지켜볼 수밖에 없다.

1921년 8월 매일신보는 여자교육 정읍 착 이란 기사에서
여성 교육을 강조하는 강연회를 청년회관에서,
청년회장 차경삼 군의 사회로 개연 하였는데,
순연히 여자로만 조직된 강연대의 정읍방문은 이번이 처음인고
로, 정각 전부터 삼삼오오 동반
하여 연속 입장 하였는데
자기 가정밖에 모르는 종류 이상
가정부인들의 입장은 근래 보지
못한 현상이더라! 실내만으로는
도저히 수용할 수 없으므로 운동
장에 좌석을 만들어 옥외강연을
열었는데 남녀 청중이 무려 천여
명으로 인산인해를 이루었더라.

김미리사, 미국 유학시절

사회자의 간단한 환영 개회사가 있은 후, 개연하였는데 특히 단
장 김미리사 여사의 장시간 열변은 남녀 청중의 무한한 감각을
흥하고, 독창과 연주에 이어, "조혼과 부모의 각성" "가성은 인생
의 낙원"이란 주제로 강연하여 남녀 관객에게 무한한 감동을 주
었다.
그는 아무도 가지 않았던 길을 만들며 가고 있었다.
기자의 표현대로 인산인해를 이룬 중산층의 여성들!
20년대 초반에 한반도 여성들의 욕구가 드디어 폭발한 거다.
지금도 천여 명이 모이기 힘들다. 노래자랑도 아닌 계몽 강연회
인데, 차경삼과 정읍 청년회는 여성의 갈망을 알고 대담한 기획

을 한 거다! 이제 여성도 깨어나야 한다!

당시 여성은 제대로 된 교육도 받지 못하고, 조혼의 악습과 남존여비 적 풍조에 시달리며 가치 있는 삶을 가꾸기가 힘들었다. 내가 아는 할아버지는 페미니스트, 로맨티시스트이기도 하지만 증조할머니의 기독교적 가치관, 신여성인 할머니의 바가지가 결정적으로 작용했을 거다. 크크.

민족의 살길을 찾아 새로운 생각과 기독교적 가치관, 민주주의 정신에 입각한 남녀 평등사상을 전파 하고자 했으며, 다섯 딸에게 정신고녀, 전주고녀에서 고등교육을 받게 하는 일관된 실천을 한다.

1922년 1월 매일신보는 경성 고학생 친목회 지방 순회강연 단 일행이 정읍에 도착, 청년회관에서 계몽 강연회를 열어, 노동공제 회장 박 석규 군의 간명한 개회사, 청년회장 차경삼 군이 연사의 약력을 연사들이 연속하여 장시간 열변을 토하고 만장한 청중은 다대한 감동을 했으며 유지들은 80여 원을 모아 전달하였다.

정읍의 유지와 청년들은 중앙과 연통하며 끊임없이 민중과 함께, 독립의 길을 찾고 준비하고 있었다.

독립은 거저 오지 않는다!

우리가 깨어나, 미래의 길을 준비해야 한다!

1923년(당시 30세) 2.21일엔

조선의 지식층은 23년에 일제가 깜짝 놀라는, 뜻 있는 전국적 대형이벤트를 벌인다. 바로 민립대학 설립 운동이다.

3.1운동 이후 일제는 한민족에 대한 지배와 회유, 또 이간책으로 소위 문화정치를 표방하고 1922년 2차조선교육령을 발표하였다. 새 교육령에서 고등교육의 길을 마련하는데, 대학은 없었다. 이에 반기를 들고 우리 민족의 힘으로 대학을 설립하자는 민립대학 설립 운동을 전국적으로 전개한다.

당시 시대적 정황을 살펴보면, 일제는 한민족을 우민화하기 위해 전문학교 이상의 대학교육기관이 극소수였다.

대학은 하나도 없고, 보성전문, 연희전문, 경성의전, 세브란스 의전, 이화여전만이 존재했다.

이에 따른 불만도 높아갔고, 그간에 이룩한 교육의 수준이 국내에 대학을 설립할 정도에 이르렀고, 대학교육을 통해 인재양성과 독립을 달성해야 한다는 자각이 크게 대두되고 있었다. 1923년 2월에 민립대학 설립 운동에 정읍군 발기인으로 참여하여, 선전 활동과 지부 설립 등을 주도적으로 활동한다.

당신이 경성의전 출신이기에 나라의 장래를 생각하여 각 방면에 다양한 인재가 양성되길 누구보다도 갈망한다.

전북 정읍에 은 성하, 박 석규, 차경삼, 김기동의 이름이~.

전국적으로 조직이 구성되어 창립총회를 열고 찍은 사진이다.

어려서 본 기억 속의 사진을 역사에서 찾아낸다.

11.21일 자 동아일보는,

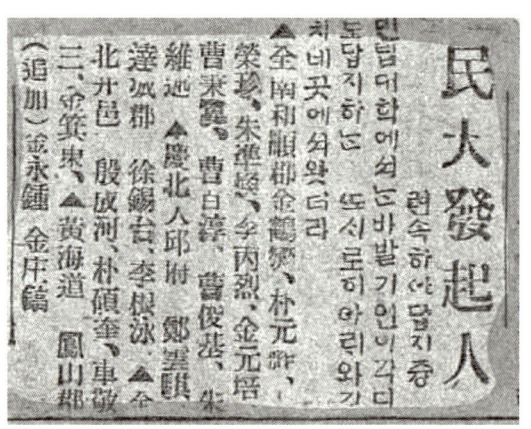

매일신보 1923년 2월 21일, 민립대학 발기인 기사

지난 18일 청년회관에서 민립대 집행위원회를 개최, 집행위원 다수가 참석하여 선전 방법, 지부 설치, 회비 조성 등을 만장일치로 가결하였고 차경삼을 포함한 10인을 선전위원을 선발하였다. 라 기록한다.

1923년 3월 30일, 민립대학 기성회 창립 사진

또한, 선전위원들은 각 면을 돌며, 우리 민족 자신의 자금과 노력으로 인재육성을 위한 민립대학을 설립해야 하는 단위성과 동참을 호소하는 데 앞장선다.

아울러 각 면에 지부를 설치하여 구체적으로 실행되는 조직을 구성코자 노력하는데 선두에 서서 나아간다.

일본인 지주들의 이름도 보인다. 설득력과 친화력이 좋은 차의사가 꼬드겼을 것이다. 틀림없다.

"야 쪽상들, 너희 자식 공부시킬 대학 세우는 데 참여 허드라고~ 돈도 많이 씩 내고, 니그들이 말하는 내선일체가 이런 거 아니겠어?" 크크. 기회는 찬스다!

틈만 나면 여러 활동에 쪽바리 지주들을 참여시켜 돈을 뜯어낸다. 아니다, 이건 삥땅 뜯은 거다.

할아버지 이건 삥땅 뜯은 거 아닙니까?

"쉬~ 손자 놈아 조용히, 그 입 다물라!

저놈들이 동양척식 회사를 앞세워 조선 땅 수백만 석 지기를 삥땅 쳤는데 이게 대수냐? 인마!"

당시, 드넓은 곡창지대인 정읍, 태인, 김제, 익산, 옥구 등에는 일본인 기업농과 지주가 많았다.

차상, 돈 많이 내면 주사 안 아프게 놓아줄 거지?
아먼, 내가 누구여? 경성의전 출신 돌팔이 아닌가?
일본인 관리도 지주도 차의사 앞에선 꼼짝 못 했다고,
어머니는 전한다. 유머러스한 언변, 높은 학식, 앞을 통찰하는 혜안과 지역사회 짱이니, 함부로 대하지 못하고 적당히 타협하며 넘어갔을 것이다.
유지들과 요리 집이나 기생집에 가도 술도 못 하시는데,
기생들에게 인기 짱 이었다, 한다.
내가 외탁을 많이 했다고 했는데 이것도 닮았나? 하하

여기서 잠깐 1920년대 당시의 한반도의 고등교육기관을 짚어보자. 1920년대 초까지 한반도엔 대학은 하나도 없고, 3~4년제 전문학교가 최고의 교육 기관이었다. 민족자본으로 설립된 보성전문(고려대 전신), 미국 선교사에 의한 연희전문과 세브란스 의전 (연세대 전신), 이화여전, 경성의전(서울의대 전신) 등이 시작이고 후에 고등상업 전문(서울상대 전신) 광업 전문(서울공대 전신), 수원 농림전문(서울농대 전신), 고등사범(서울사대 전신) 등이 총독부에 의해 설립된다.

민립대학 설립 운동은 대한제국 말기에 있었던 국채보상운동의 적립금을 활용하여 시작하는 민족 자각 운동의 하나였다. 로 역사는 기록한다.

식민지 정책의 기본인 우민화 정책을 최우선으로 한 총독부의 교

육정책에 큰 반향을 일으킨다.
아니 이것들이 대학을 스스로 세우겠다고~??
화들짝 놀란 총독부의 반대와 가뭄과 홍수 등으로 조선의 경제가 극히 어려워져 민립대학 설립이 좌절됐지만, 1925년 총독부의 경성대학 설립을 촉진케 하는 중요한 계기가 된다.
그것도 일본의 여러 제국대학보다는 한 등급 낮게 하여, 예과 2년을 해야 본과로 진학도록 한다. 일제는 이렇게 철저히 우민화, 열등 화 교육정책을 펴나가고 있었다.

1923년 7. 9일자 신문은
내장사 고적보존회 설립이라는 기사에서
당지 내장사는 장구한 역사를 가진 고대 사찰로서, 모든 역사적 고적과 미술은 근래 보기 어려운 것인데 세월에 따라 쇄락하여 일반 관람자가 애통하게 생각하는바,
차경삼 외 5인의 발기로 내장사 고적보존회를 조직하여, 역사적 고적을 장구히 보존키로 계획 중에 있다.

나는 이 기사를 찾아낸 후 다시 한번 외조부의 탁견에 경의를 표한다. 왜? 그는 문명한 독립국을 꿈꾸기에 문화재의 중요성을 누구보다도 잘 알아 보존하는 길이, 이 시대를 사는 지성인으로서 해야 할 의무임을 일찍 깨달았다.
내가 1984년, 대만 타이베이 출장 중, 국립 박물관을 방문,
1948년 모택동의 공산당에 몰린 장개석이 대만으로 국민당 정부

가 탈출할 때, 많은 국보급 문화재를 제일 먼저 수십 척의 선박을 동원, 대만으로 수송하였다는 일화를 듣고, 그는 과실도 많지만, 문화재를 가지고 있으므로 국가와 문화의 정통성을 주창할 수 있

다는 지도자의 탁견은 인정하였다.

김구 선생도 독립한 대한민국의 최종 목표는 문화 대국에 있음을 외치지 않았는가? 청년 경삼은 유구한 문화를 말살하려는 식민지 정책과 가난에 찌들어, 방치된 문화재를 보존하여 훗날 독립된 문화 대국을 꿈꾸었다.

또한, 그는 평소 친분이 있는 일본인 지주들도 설득하여 많은 재화가 필요한 문화재 보존 운동에 참여토록 하는 전략과 유연성도 지니고 있었다.

할아버지는 일본인 지주에게 또 삥땅을 뜯고 계신다. 하하
조부님 이러시면 상습범이십니다.

"괜찮아~ 제 놈들이 도적질해간 문화재, 국보가 얼만데?"
"뻥땅 정도야 약과지? 탈탈 털어야 한다!"
아직 많은 문화재가 돌아오지 못하고 일본에 숨겨져 있다.

1923년 6월3일 동아일보사는
31세 의사를 정읍 지국장에 임명한다.
어찌 된 일인지는 아무도 모른다,
의사를 언론사 지국장으로? 요즘 감각으론? 당시엔 지식인이 절대 부족해서인가? 그래도 그렇지?
임명하는 사람이나, 받는 외조부 처지도 이해가 잘되지 않는다.
독립운동사 공훈록은 1926년까지 지국장을 한 것으로 기록한다.
뒤에 발견한 그에 관한 인물평 기사를 보니 조금은 이해가 된다.
한결같이 그는 매사에 공정하고, 일 처리가 원만하였다는 것이 공통된 평가이다. 아마도 1920년대에는 지식인, 전문가도 태부족이고 공정 무사한 재력가도 별 없었으니 양쪽 모두 어쩔 수 없는 형편으로 미루어 본다.
에그~, 할아버지 이젠 언론까지 뛰어드셨수?
할아버지 정체가 멉니까? 의사요? 독립운동가? 사회, 문화운동가? 언론인? 교육자?
1930년대 언론은 여러 차례 그에 대하여 뛰어난 사업가, 건전한 투사 등으로 평가한다. 그는 1926년까지 지국장을 하고도 계속하여 고문으로~
1939년엔 친조부 양공윤 장로와 나란히 고문직을 맡아 언론발전

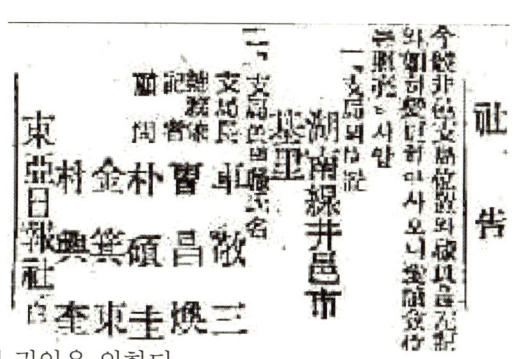

과 군민의 권익을 위한다.

여러 기록과 행적을 추적해본 결과,

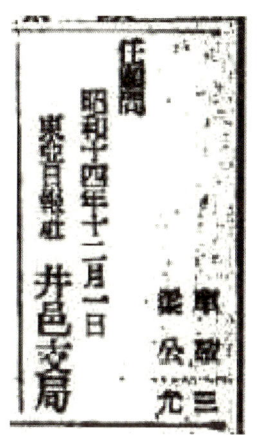

두 분은 사상과 종교가 같아 서로 뜻을 같이하는 사이이고, 두 집안은 후에도 많은 일을 함께한다.

그리고 10년 후 사돈이 되어 내가 태어난다.

이젠 경제다! 1923년 11. 17일 자는

성읍 노시금융소합 총회를 시난 12일 오후 1시 소학교 교실에서 개최 돼얏는데 금번 총회는 평의원 선거로 인하야 대단히 긴장되야 수일 전에 시민대회까지 개최하고 일부 야심가는 비상히 활동 선전 하얏든바 선거 된 평의원은 차경삼을 비롯한 조선인 4명, 일본인 4명이다.

라 기록한다.

기사 내용을 유심히 들여다보니, 여러 야심가가 자리싸움?

이권 싸움에? 뛰어든 모양이다. 요즘 주주총회처럼…….
단순한 이권 싸움이나 아니면 일제의 관치금융과 대립하는 진영 싸움인지? 분명치는 않다.
차의사는 왜 이런 진흙탕 싸움에 휘말렸는가?

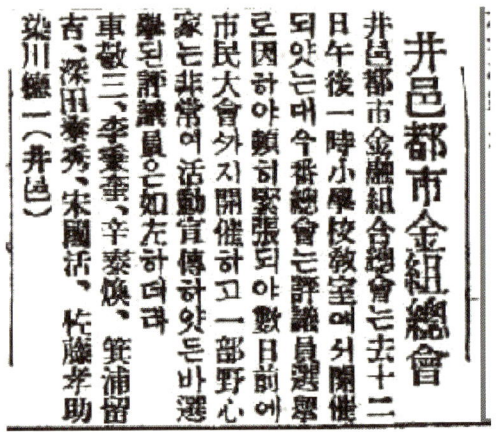

이어지는 그의 삶이 증거 하지만 당시 조선은 민족자본이 마련되지 않아, 대다수 상공인과 농민은 고리채, 사채에 시달리고 있었다. 차경삼은 근대적 금융 제도를 정립하여 장기 저리로 자금을 융통케 하여 중산층이 하루빨리 형성되는 길이 독립운동임을 알고 있었던 거 아닐까?

1925년 12. 26 일자 신문은,
정읍 전기회사 주주총회는 회사 설립 이후, 성적이 비상히 양호하며, 사업보고, 이익금 처분 등을 가결, 차경삼 외 1인을 감사역으로 재선임 되었다. 하며 당기의 이익 배당금은 5
분이라고.

> 金井然 細塵地, 奠村
> 井邑電氣會社株主總會 當地
> 電氣會社는 設立以來로 成績이 非
> 常良好한데 去三十一日에 株主
> 會를 開催하고 事業報告, 貸借
> 照, 利益金處分案 等을 討議함
> 滿場一致로 原案대로 可決하고
> 하야 滿期된 監査役의 選擧를 行
> 엿는데 車敬三, 金壽玄 兩氏가
> 選되엿다 하며 當期의 利益配當
> 五分이라고

차경삼은 계속하여 산업과 금융에 참여하고 있다.
물론 주도는 정읍의 부호 박흥규 일가이다.
후에 그는 총독부에 의해 중추원 참의로 임명된다.
할아버지, 그분과 너무 가까이하지 마세요!
후에 친일로 몰리는 수가 있어요. 하하.
해방 후 박흥규 일가는 호남고등학교를 설립하여 육영사업에 힘을 쏟는다.

1928년 4. 18일에는

정읍 초성 금융조합 총회가 열렸고 박석규 감사를 포함, 차경삼 외 5인을 집행위원으로 선출하였다. 라 적는다.
초성 금융조합은 앞에 기술한 바와 같이, 5년 전 창립 시 진영 싸움이 치열했던 도시 금융조합이다. 조선인 유지들이 경영권을 장악한 판세이다.

일본인 이름은 없고 사장은 박흥규, 감사 박석규, 집행위원 5인이다. 조선사람이다. 나는 금융과 산업계에도 폭넓게 참여하는 외할아버지의 경제적 감각에 놀라움을 표한다.
아니 이분 의사 맞아? 여기저기 투자도 하고 경영에도 참여하고~ 그는 이재에 밝고 단순히 세상 물색을 꿰뚫어 보고 있었는가? 나는 아니다! 라 답한다.

당시는 정상적인 금융기관이나 민족자본이 형성되지 않아 일본인과 지주들의 고리채가 기승을 부리던 처참한 때이다.
자금을 융통할 수 없는 농민들은 연 40%가 넘는 고리채에 토지를 뺏기고 남부여대하여 만주로 떠나거나 소작인으로 전락하는 농민이 무지 기수이던 시절이다.
차경삼과 정읍 유지들은 분연히 단결하여 자금을 모아, 금융조합을 설립하고 장기 저리로 융자하여 농민과 소상공인의 피해를 최

소화하는데 앞장선 것이다.

이렇게 의사 차경삼과 정읍의 유지들은 일관되게, 하루빨리 중산층을 양성하여 경제적 자립, 자강의 길을 찾는 것이 독립운동임을 알고 있었다.

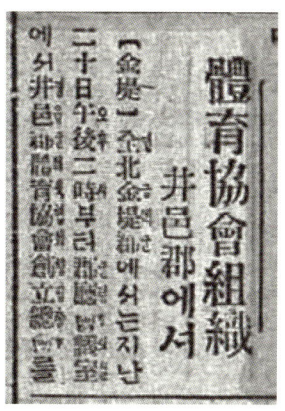

1929년 5월 29일자 매일신보는
정읍 체육협회 창설과 회칙수정, 임원선거를 한 후 6시에 무사히 산회, 회장 백정기, 부회장 차경삼과 일본인 1인을 선출한다
이제 체육회도 발족한다.
아니 할애비 운동선수 안 했잖아요? 헌데 웬 체육회?
감투 욕심 아니요?
인마, 청년들 기개를 살려야 독립도 빨리 오는 거야!

차경삼은 이렇게 치열한 독립전쟁을 치르며 살아가고 있다.
그의 활동을 눈여겨보면, 단발적 운동은 없다.

매사에 조직을 만들어 체계적이고 지속적인 활동을 한다,
무엇보다 민중과 함께하며, 중앙과 각 지역을 서로 연결한다.
독립의 빛줄기는 한 줌도 보이지 않은 체,

차경삼의 정읍병원 자리, 수성동 690번지 현재 모습

더욱 잔악한 일제 통치, 그 험한 세월이 조선을 기다리고 있었다.

6
1930년, 수탈과 침략의 시대

1930년대는 일제에 의한 수탈과 침략 전쟁이 시작된 암울한 암흑의 시대였다.

경제 상황은, 80%가 농민이었고 그 80%가 소작농이다.

즉 전 국민의 65~70%가 소작농 영세민이었다.

작가 심 훈은 최용신을 주인공으로 하는 농촌계몽 운동을 주제로 한 실화소설, "상록수"를 펴내 농촌계몽과 자립의 길을 외친다.

안산역 앞 역이 이 소설의 중심지인 상록수역이다.

그 한 맺힌 배경이 바로 소작농과 교육 문제이다

중학 시절에 배운 심 훈의 시, "그 날이 오면"이 생각난다.

그날이 오면 그날이 오며는

- 중략.

까마귀와 같이

종로의 인경을 머리로 들이받아 울리오리다,
두개골이 깨어져 산산조각이 나도
기뻐서 죽사오매 오히려 무슨 한이 남으오리까.
- 중략.
몸의 가죽이라도 벗겨서 커다란 북 만들어
들쳐 메고는 여러분의 행렬에 앞장을 서오리다.
우렁찬 그 소리를 한 번이라도 듣기만 하면
그 자리에 거꾸러져도 눈을 감겠소이다.

얼마나 독립의 열망에 가슴 뜨겁고 시린, 통곡의 시 아닌가?
조선의 청년은 뜨겁고도 시린 가슴을 안고 살아내고 있었다.

이 시영, 이희영 선생 일가는 오래전 만주로 이주, 전 재산을 쾌척하여 3년제 신흥무관학교를 설립, 10년간 독립군 간부 3,500명을 배출하며 투쟁과 인재양성을 병행한다.
수년 후 청산리 대첩에서, 한인촌 동포와 광복군은 대승하여 한 줄기 빛을 비춘다. 하지만 일제는 한인촌에 잔인한 보복과 허울뿐인 문화통치를 중단하고 한반도를 지리적, 경제적 기반으로 삼아 침략 전쟁을 시작한다.
즉 한반도의 모든 것을 수탈하기 시작한다.
이젠 최소한 염치도, 눈치도 없다.
왜? 당시 일본은 경제불황, 즉 스태그플레이션에 깊이 빠져있었다. 이를 벗어나기 위해 식민지를 늘리고, 자원을 약탈하는 전형적인 제국주의, 군국주의로 향한다.

대략적인 정세를 간추리면,

1931년. 만주 침략, 청나라 마지막 황제 푸이를 앞세워 괴뢰국 만주를 세운다.

1932년. 상하이 사변과 북경, 천진 점령. 일본군 승전 행사에 윤봉길 의사 폭탄투척 쾌거. 나는 2001년 옛 만주국 수도였던 장춘 출장길에, 잠시 상해에 들러 개방정책이 한창인 중국의 실상도 확인하고, 옛 임정 청사와 홍구공원 윤봉길 의사의 거사 장소를 찾아 존경과 애도의 묵념을 올린다. 장개석은 윤 의사의 쾌거에 놀라, 국민당군 30만이 이루지 못할 대업이라 하며, 임시정부와 광복군 지원을 시작한다. 대한의 청년들은 이렇게 죽음뿐인 극렬 투쟁을 하며 전 세계에 조선이 살아있음을 알린다.

1937년. 중일전쟁과 신사참배 강요, 이에 저항하는 기독학교 폐교조치. 일제는, 전국적으로 신사참배를 강요하나, 20여 기독교 학교는 참배를 거부한다. 복종이냐? 폐교냐? 를 강요하는 총독부에 맞서 어린 학생들은 민족혼과 신앙을 지키고자 기꺼이 폐교를 선택한다. 모두 민족자본으로 설립된 학교, 선교사에 의해 설립된 학교이다. 3.1운동 진압을 위해 여러 교회에서 자행한 대량학살과 함께, 이 사건은 현대 선교 역사에 유례가 없는, 일제에 의한 기독교인 학살과 민족혼 압살 사건이었다. 어린 학생들이 민족혼과 신앙을 지키고자 기꺼이 희생도 감당했으나, 많은 목사는 일제의 신사참배에 찬성하는 중죄를 저지른다. (한기총은 80년이 지난 후에야 신사참배 동조에 회개하는 성명을 발표한다. 그 죄를 감당치 못하고 마지못해 뒤늦게 회개한다. 그나마 다행인가?)

1938년. 교회에도 신사참배 강요. 모든 선교사 퇴출.
1941년. 진주만 침공으로 태평양 전쟁이 시작된다.

일제는 이렇게 한반도의 모든 인적, 물적 자원을 무지막지하게 수탈하여 침략 전쟁에 쓸어 넣어, 조선 민중의 삶과 민족혼은 참혹하게 피폐해 간다.

나는 1930년대 참혹한 민족의 삶을 대변하는 기록을 연이어 찾아낸다. 1932년 5월 매일신보, 정읍 군 궁민구제 회 조직 기사.
요약하면, 정읍 군 궁민구체회를 조직하야, 착착 진행 중인바 일반 유지 측에서는 많은 동정이 있기를 바란다.

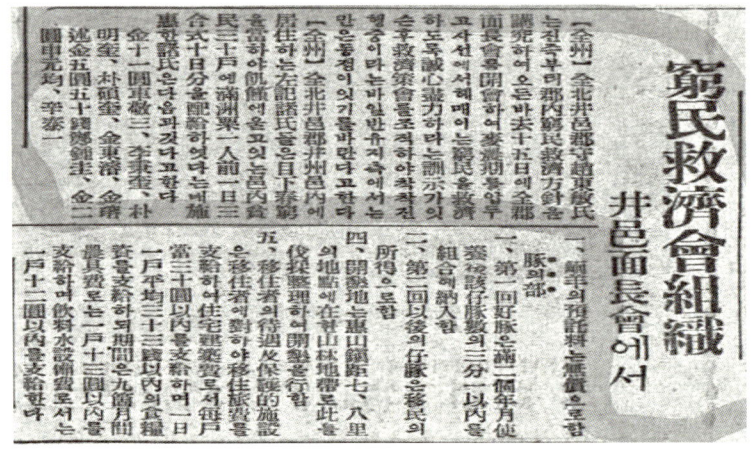

춘궁기에 울고 있는 읍내 빈민 30호에 만주 밤을 1인당 3합씩 10일분을 배급 하였다는데 실시한 사람은 차경삼, 이병규, 박명규 11원
정 종규, 5원 50전~ 신 원균, 신 태일 2원

1932년 7. 5일 동아일보에
"전 조선 유지인사 총망라한 궁민구제 대책"에서
차경삼은 "악 지주의 횡포와 고리대금업 취체, 구제공사 공정히"
라는 그의 탁견이 대서특필 되었으며, 주요 내용은~
궁민구제는 첫째로 수입을 증가케 할 것이오,
그 방책으론 근일 각종의 구제사업이 당국의 방침아래 실시되는데 그 중 칠 할은 중간계급이 그 대부분을 차지하고, 그 목적인

궁민은 극소 부분을 차지하게 된다.

이것도 임금 지불 부정확 등으로 불상사가 비일비재합니다.

민간 측도 수수방관만 말고 분규 하야 구제회 같은 것을 조직하야 상당한 인격자의 지도와 당국의 감독하에 공평하게 이 사업을 진행하면 좀 더 양호한 성적이 있을 줄 압니다.

둘째로 각종 세금과 소비를 감소케 할 것이외다.

그 방책으로는 호세, 기타 세금과 각 단체비, 농회, 산업조합 등을 감소하야 부담을 경하게 할 것. 이 같은 단체를 합병 또는 폐지함도 무방 타고 생각합니다.

그다음은 고리대금업자, 악 지주 등의 폭리를 취체하야 궁민의 부담을 감소케 할 것이오,

또 궁민 자체가 각성하야 소비를 절약케 하고 자포자기적 나태한 마음이 없어야 하겠습니다. 그리고 지주와 대금업자 등이 자발적으로 궁민에게 동정하야 토지의 소작을 주고 저리 금을 융통시켜 장려하여야만 점차증대하여 가는 궁민을 다소라도 참으로 구제할 수 있을 줄을 믿습니다.

90여 년 세월이 지난 지금, 나는 그의 생각을 요약하면
1. 궁민구제를 공정히/ 시민은 불공정을 항의하라!
   민간인 인격자가 감독하여 재발치 않도록 하라!
2. 세금을 경감토록 하고 관변단체를 축소, 통합하라!
3. 소작료, 고리 사채를 단속하라!

4. 궁민도 각성하여 자립도록 노력하라!

5. 지주와 부자들도 상부상조하라!

그는 시골 의사였지만 민족의 고통에 가슴앓이하며 구체적 방책까지 고민하여 실천하는 지사, 경세가의 길을 가고 있었다.

두 번째로는 우리 민족 스스로 일어서야 하는 자강, 자립정신을 확산코자 했으며, 조직과 체제를 정비하여 system 자체를 개혁고자 하는 정신도 투철하였음을 느낀다.

그를 잘 기억하고 있는 나는, 역시 당신은 맑은 영혼을 가진 로맨티시스트였구나! 하지만 어느 시대 어느 지주와 고리대금업자가 동정심을 가지고 소작료와 금리를 낮추어 주었던가?

차경삼은 모를 리 없지만 얼마나 답답했으면, 있는 놈들이 조금이라도 동정심을 갖고, 식민지 노예가 된 내 불쌍한 백성을 도우며 살자! 라고 삿대질을 했겠는가?

그는 그리 암흑의 시대에 햇불을 들고 민족의 새벽을 깨우며 살고 있었다.

정읍에 온 지도 10여 년이 지나 차경삼 의사는 정읍사회의 사회적, 경제적은 물론, 다방면에 있어 기둥 같은 존재가 돼어있었다. 하지만 시대는 잔인무도한 수탈과 침략의 시기였고 독립의 빛은 한 점도 보이지 않는, 암흑의 시대였기에 그 역시 좌절하였으나 신앙으로 극복한다.

정읍교회(현 정읍 제일 교회)에 조부 양공윤 장로와 같이 출석하며, 다음 세대의 교육 후원과 청년운동, 체육회 창립 등 문화 사회적 운동에 많은 가산을 쾌척하며 절망을 딛고 전력을 다해 희망의 빛을 쏘아 올린다.

1929년 5월 29일 자 매일신보는 정읍 체육협회 창설과 선출
1931년 5월 16일에 대대적인 조직 확대개편도 한다. 축구, 정구, 육상, 야구, 수영 등 임원진을 세분화한다.
이 기사를 보며 지금으로도 유지하기가 힘든 야구, 수영 등이 있어 정읍사회의 형편을 가늠한다.

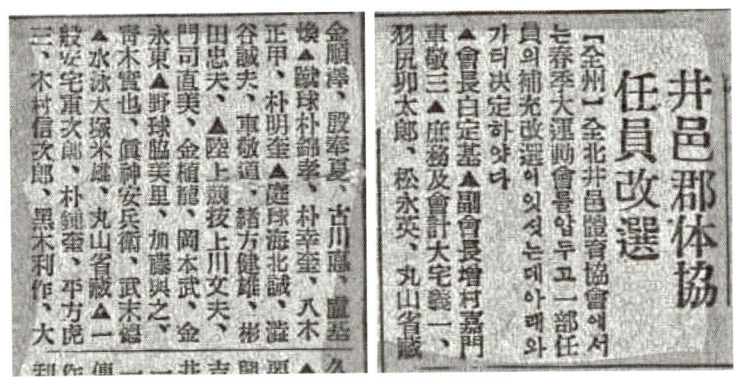

하지만 많은 일본인 이름이 보인다.
일본인 세력이 조선을 장악한 듯하다, 아 안타깝다.

1931년 7.31일 자 신문은
정읍 청년지부와 동아일보는 제6회 남조선 정구대회를 개최,
대회장 차경삼 씨의 개회사로 막을 열어 군산, 장성, 기타 6개 단체가 참석, 정읍 초성 팀에 돌아갔다.

> 楚城軍優勝 【정읍】전
> 북정읍청년동맹 정읍지부(井邑
> 靑盟井邑支部)주최와 본보정읍
> 지국(本報井邑支局) 후원으로
> 제六회남조선정구대회(南朝鮮
> 庭球大會)를 개최한다함은긔보
> 한바이나 일긔관계로 하로연긔
> 하야 지난二十六일 오전十시부
> 터 정읍청맹지부코-트에서 대
> 회장차경삼(車敬三)씨의개회사
> 를 비롯하야 막을열게된바 참
> 가단체는 군산(群山)장성(長
> 城)기타六개단체이엇스며 동일
> 오후七시에 무사폐회한바 우승
> 은정읍초성(井邑楚城)팀에게로
> 도라갓다

나는 이 기사를 찾아, 보면서 빙그레 웃는다.

참 의사 선생님이 관심도 다양하며 생각의 규모도 절대 필부가 아님을 깨닫는다. 이외에도 숙부들의 증언에 의하면 그는 정읍체육회장으로 각종 체육대회를 개최하여, 청소년들이 식민지 울분

1930년대, 정읍 군 체육대회 시상식 사진, 우승기를 주는 차경삼 회장과 받는 선수대표, 광명 큰 숙부. 구경하는 핫바지 차림의 아이들 모습이 시대상을 나타낸다.(출처: 큰 외숙 집 소장)

을 떨어내고 기개를 양성하는 일과 전국적 조직을 유지하여 때가 이르면 민족이 분기당천 하는 거사를 도모하고자 사재 출연과 노력을 아끼지 않는다.

1931년 2.15일 매일신보는 "정읍농교 승격 기성회 조직, 졸업생과 유지가 회합하야 13일 진정위원 상도" 기사에서 당시 3년제였던 정읍 농림학교를 5년제로 승격시켜 확실한 중등교육기관으로, 자녀를 인재로 양성코자 하는 주민 숙원사업을 관철시키는 6인의 청원위원을 맡는다.

그 이듬해 정읍 농림학교는 5년제 고등학교가 되어 많은 인재가 구름처럼 몰려든다. 기사 내용을 약술하면,

현안문제에 있는 농업학교 승격문제는 시대 진전에 반하야 지방 인사의 열광적인 희망사항이다. 이제 당국에만 맡길 때가 아니라 - 중략. 50여 명의 군 면 유지와 동교 졸업생이 규합하야 기성회를 조직하고, 도 당국에 대하야 꼭 승격 운동의 실효를 거두라 하

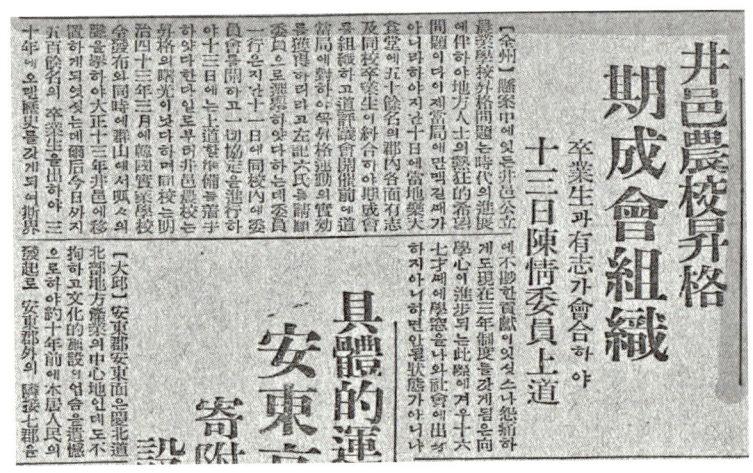

고 6인의 청원위원을 선거하야, 위원회는 모든 준비를 마치고 13일 상도 한다더라, 정읍농교는 승격의 서광이 있다더라.

1932년 10. 28 일은
유아원 후원회 조직이라는 제목으로,
군내 어린이들의 교육 기관으로 오직 하나밖에 없는 사립 유치원이 재정난으로 휴원하야 어린이들이 배우지 못하고 노방에 방황하고 있다, 이 문제로 지방유지들이 걱정되어 유치원 후원회를 조직키로 결의, 일반 인사들의 참여를 독촉하고 차경삼, 양공윤(친조부) 등 7인이 발기인으로 나타난다. 이 기사는 나의 친가와 외가가 공식적으로 동지적 활동을 한 기록이기도 하다.
동년 11. 2일 자는, 정읍 유아원 후원회 발족이라는 기사에 후원회가 발족되고, 활발한 후원활동이 있을 것을 기록한다.

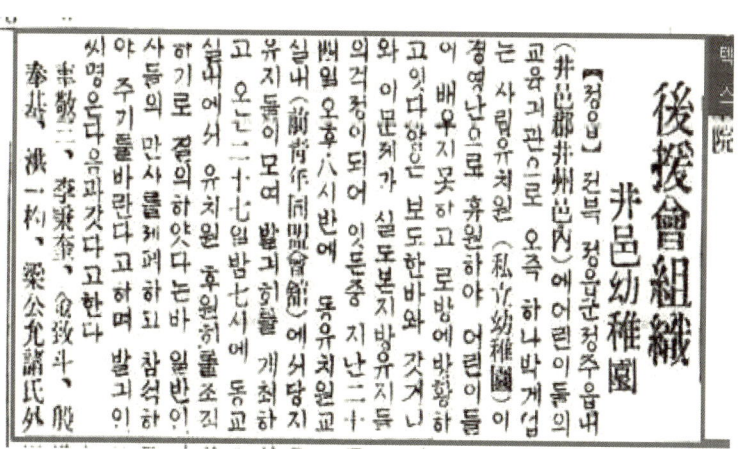

1934년 12월 11일자 매일신보는,

정읍 공립보통학교의 교사증축은 총공사비 3500원이고, 지방유지들의 의연금은 700원인데 학급이 증대되면 운동장도 확충해야 한다며 1000원으로 증액하였는데 지방유지 제씨들의 원조 성적이 양호하다 한다.

박 흥규, 차경삼을 필두로 지역별 헌금자의 명단도 나타나고, 일본인 이름도 눈에 띈다.

또 쪽바리 상에게 삥땅을 뜯어낸 모양이다.
할애비! 이젠 상습범이십니다. 그래 상습범이다! 어쩔래?
우리 자식만 갈치냐? 지 놈들 자식도 갈치는데 당연히,
돈 내야지 인마? 넵 할애비!
이럴 땐, 지 놈들이 좋아하는 내선일체를 써먹능겨!
니그 자식, 나의 자식, 다 같이 공부허잔혀?
돈들 많이 내더라고 잉~, 자~ 니그들이 말하는 내선일체를 합시다! 하하

1937년. 7.25일 동아일보엔 정읍 공립보통학교 후원회 조직이란 제목으로,

정읍 공립보통학교는 아동수효 근 이천으로 도내에 유수한 학교이나 운동기구 기타 제반 설비가 불완전하야 교육상 큰 불편을 느껴오던바, 이에 철저히 유의하였던 유지 몇 분이 후원회를 조직게 되어 동교에 약 팔백 명의 회원이 출석하여 창립총회를 개

최, 회장에 박명규, 부회장에 차경삼, 간사에 은 희상, 감사역에 양공윤 외 수명을 선정하였다,

1937년은 본격적으로 중국을 침략한 중일전쟁이 시작된 해이

다. 조선의 모든 재화를 쓸어 넣어도 감당이 안 되니, 교육을 위한 돈은 유지에게 감당을 시키는 치사한 짓을 한다.

우리의 조부들은 "지 놈들이 백년천년 가겠느냐?

우린 이 땅에서 천년만년 산다, 자식을 가르쳐야 한다"

"이제 독립은 멀지 않아 온다. 넓은 중국 땅에서 전쟁하니 곧 힘에 부칠 것이다. 때를 기다리며 우리는 준비해야 한다.

내 땅에 내 새끼를 위한 학교를 짓는데 머가 아까울 소냐?"

겉으론 타협하는듯하고 어쩔 수 없이 끌려가는 듯하나,

속내는 훗날을 위한 교육에 800여 군민이 모여 투자한다.

두 분 할애비 파이팅! 다른 할애비도 아자!

30년대 많은 자료를 찾아봐도 20년대에 활발한 계몽강연, 청년운동, 여성 평등운동 등이 전혀 없다.

일제는 철저히 봉쇄한 거다. 한민족을 멸족시킬 요량으로 39년에 창씨개명까지 온갖 악랄한 방법을 다 동원한다.

이런 악한 통치는 세계식민지 사에도 유례가 없는 악독한 책략이다. 그러고도 오늘날도 반성, 사과가 없다.

그들에게 무얼 더 기대하는가?

더는 못난 조상이 되지 말자! 우리가 강하면 된다!

1930년대에도 그는 경제, 산업의 각 조합에 감사, 평의원으로 참여하여, 경영 개선과 조합원의 권익 보호에도 앞장선다.

1934년 정읍 초성 금융조합 정기총회 기사(차경삼 평의원으로 선출) 평의원은 조선인 4명과 일본인 4명이나 이사와 감사는 일본인들이 주도한 것 같다.

그래도 정읍지역은, 막강한 조선인 유지들 눈치는 본 듯하다.

1936년 정읍 미곡통제조합 총회 기사(평의원으로 선출) 여기도 일본인 3명 조선인 2명, 차경삼과 강 갑수이다. 이 기사들을 보면서 가장 중요한 금융과 쌀은 일본인들이 주도한 것이 확연히 드러나나 정읍 유지와 외조부는 조선인의 권리를 위해 고군분투하였음이 눈에 선히 떠오른다.

1934년 정읍 산업조합 정기총회 기사, 차경삼의 감사보고와 주요 생산품 생산 및 수출액과 지역 증가로 장래가 밝다더라. 1937년도 정기총회에서 박흥규 박석규와 같이 감사로 선임된다.

당시의 한반도의 쌀 생산량은 년 1,000만석 정도라고 역사는 추산한다. 일제는, 곡창인 호남지역에서 (주로 정읍과 신태인, 김제, 익산, 부안과 변산반도, 고창 등) 매년 600만 석의 쌀, 소금을 군산항을 통해 수탈해 갔으니, 백성과 한반도는 아사 상태가 되어간다.

아~ 그 죗값을 어찌 갚아 줄까?
역사를 잊은 민족은 미래가 없다!
용서는 할 수 있지만 절대 잊지 말자! 다짐도 해본다.
이렇게 민족의 암흑기에 일제의 수탈이 극에 달하고 있을 때, 40대 장년이 된 그는 정읍사회의 지도자로서 교육, 문화, 체육, 청년운동, 상인 연합회, 금융 및 산업조합 설립 등, 다방면에 걸쳐 혼신의 힘을 다해 달려가고 있었다.

그는 배운 자요, 가진 자이나, 그의 뜨거운 가슴은 자신의 풍요로움보다는, 도탄에 빠진 민중에 조금이나마 도움과 희망을 주어, 미래의 길로 달려 나아가도록~, 그 길을 밝히는 횃불! 기꺼이 스스로 타오르는 횃불이었다.

그 시대 언론은 그를 평가하는 기사를 연속하여 낸다. 1933년 매일신보는 도의원 후보자 경력과 인물 점고에서 차경삼군은 금년 41 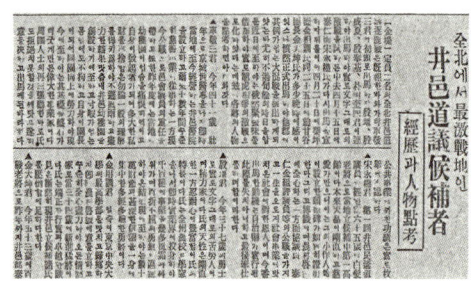 세 장년으로 경성의전을 나와, 지금 경영하는 정읍의원을 설립한 이래 십 수년간 꾸준히 자선의업에 종사하는 한편, 읍 회 의원의 중임을 맡고 또한 작년도에는 당지 유아원이 없음을 통한이 여기고, 다대한 사재를 희사함은 물론 일반인의 이해를 득하기 위해 불피풍우하여 진력을 다한 결과 마침내 유아원을 창립, 촌가가 없는 몸인데도 자신이 원장이 되어 동원 향상에 노력하야 기초를 반석같이 만든 위대한 사업가 라 평한다.

1935년 매일신보,

의료계 거장 차경삼, 지방 사업에 전력!

공익사업에 사재를 불원하는 정읍의원장 차경삼! 이라는 제목으로, 그를 평가하는 글을 올린다.

약술하면,

경성의전을 마치고 정읍의원을 설립,

근면 성실과 친절로 의료계 패권을 얻고 지방을 위하여 다각적으로 활약하고 있다.

과거에 청년회를 조직하여 청년운동에 주력하였으며,

소작위원회 위원으로 농민층을 위하여 공정 무사한 정평이 나왔으며 사재를 희생하면서 유아원을 설립, 원장으로 천진난만한 제2 국민 보육에 근면하고, 학무위원과 학부형 회장으로서 교화 업

에 열중하여 표창을 받고,

읍의원으로서 읍 사무를 의결하며, 산업조합 감사역으로 지방 산업장려에 주력하며 초성 금융조합 평의원으로 금융계의 중진이 되었으며 - 중략.

탁월한 사업가이다.

장년에 접어든 차경삼을 소상히 표현한 글이다.

1935년 매일신보 지방유지 인물평, 특집기사는

정읍의원장 차경삼 씨는

경성의전을 마치고 정읍의원을 설립하고 의료에 성실하야 공로가 높고, 지방을 위하여 성의를 다하며 공직에 회피 없이 노력하야 각 방면에 기대가 자못 높은 건전한 투사이다.

라 평가하고 있다.

나는 그의 삶의 흔적을 쫓으며 이미 느꼈지만,

당시의 여러 언론기사와 지인들의 평은

20대 청년기에는, 청년운동과 민중 계몽에 전력을 다하고,

3~40대 장년기엔, 후대를 위한 교육사업과 체육회를 통한 민족정기 함양, 궁민구제, 민족의 자강, 자립을 위한 금융 및 산업발전을 위한 조합 창립, 상인 연합회 발족, 경제적 자립을 위한 산업, 경제 활동 등, 경세가적 신념을 가지고 청장년기 30년을 일관되게 살아간다.

그는 자신이 쌓은 부와 명예를, 자신만의 이름을 얻을 수 있는 단발성 행사에 치중치 않고, 매사에 조직을 창설하여 지속적이고 체계적인 그만의 독립전쟁을 하고 있었다.

하지만 손자인 내가 부끄러울 지경으로 칭찬 일색이다.

탁월한 사업가? 기대가 높은 건전한 투사?

그가 은밀히 임정과 광복군을 후원하는 일급비밀을 기자가 알고 있나? 아니면 언론계를 무지하게 삶으셨나?

아녀, 아주 푹~ 고우셨구먼. 크크

그랬으니 이런 평을 써주지? 앙 그래요? 짜고 치는 고스톱?

너 이리 와! 이놈이~.

내가 청소년 시절, 공부는 소홀히 하고 말썽을 부리면 친가 숙부들은 "네 외갓집 대단했다, 할아버지들 이름에 먹칠하지 마라"가 주된 훈육이었다. 그때는 무슨 말인지 몰랐다.

이제 자료를 모아, 정리하다 보니 그 시대에 내가 있었다면 조부들처럼 살 수가 있을까?

턱도 없다. 경외감이 밀려온다.

너무 암울한 얘기만을 했으니 밝은 소식 하나!

역시 1935년 매일신보는 정읍교 도조식 기사와 성읍교회 95세 전도사 할머니 증언은,

수만 관중이 운집한 가운데 군민을 대표하여, 차경삼 일가 3대 내외와 가족들이 앞서고 각 기관장이 일차로 다리를 건넜다. 로 증언하며 상세한 공사 내용도 보도하고 있다. 이때 외갓집은 증조부 차학연 내외, 조부 내외, 숙부 광명 내외와 가족 모두가 정읍 군민, 유지와 함께 첫 번째로 다리를 건너는 작은 기쁨도 누린다.

이런 기사를 이유로 정읍 향토사학자는 친일한 거 아니냐? 라 말한다. 에라 못난 사람아! 그리 트집을 잡으면 내가 묻는다. "당신 조부는 어찌 살았소?" 씩~ 빵이다!

30년대 초반, 정읍 청년들, 왼쪽 키 큰이가 광명 숙부와 친구들, 모습과 복색을 보라! 헌헌 장부들 아닌가? 누가 이들을 식민지 백성이라 무시하겠는가?

외조부 기록을 좇던 중에 1931년 당시,

일제의 악의적 통치 모습을 볼 수 있는 기사를 찾아낸다.

읍 의원 선거 기사인데 아마 간선제인 모양이다.

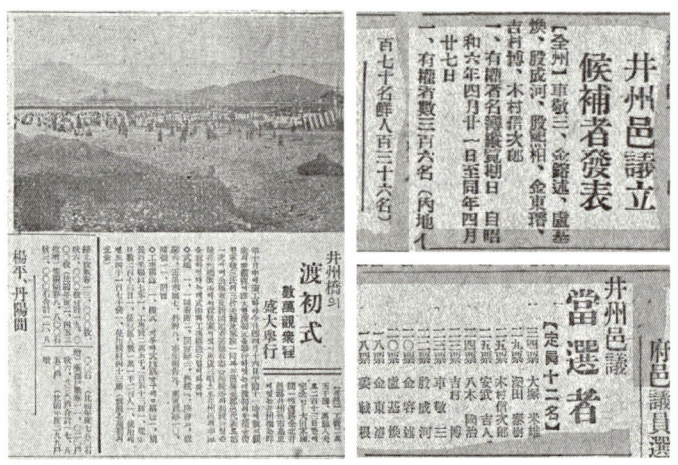

정읍교 도초식 기사

총유권자 306명에 일본인 170명, 조선인 136명으로 되어있다.
인구 기준? 당연히 아니다!
세금을 낼 수 있는 기준? 학식 기준? 도대체 무엇이 유권자 선발 기준인가
투표 결과는 정원 12명에, 일본인이 1~6등, 조선인은 차경삼이 7등, 그 뒤로 은 성하, 김 용술 등 해방 후 쟁쟁한 정계인사 이름이 보인다. 말도 안 되는 불평등한 선거이다,
반수 이상이 일본인이니 한마디로 그들 맘대로이다.
이렇게 조선은 억압과 수탈의 늪에서 허우적거리고 있었다.

내가 젊은 날, 묘하게도 식민지였던 나라에서 근무를 많이 했다.
영국 식민지였던 인도, 홍콩, 싱가포르, 말레이시아, 스리랑카, 방글라데시 등
러시아 위성국가였던 아제르바이잔, 조지아, 우즈베키스탄.
스페인 식민지였던, 파라과이에 주재하며 남미 여러 나라를,
업무도 보고 유적지도 들린다.
우리와 같이 일본 식민지였던 타이완, 미국령이였던 필리핀 등,
가는 곳마다 박물관과 독립투사를 기리는 현충사 같은 곳을 방문하여 그들의 역사와 투쟁을 배우곤 한다.
결론은, 우리처럼 창씨개명까지 강요받는 잔악한 차별과 억압 수탈을 당한 민족은 없다.
세계 최악의 식민지 지배인 것이다.
또 다른 결론은 우리 할아버지들과 같이,

나라를 되찾기 위한 무장투쟁,
민족혼을 지키는 문화, 교육투쟁, 한글 지키기 운동을 죽기를 한 하고 해방 때까지 계속한 민족은 세계역사에 없더라!

할아버지 참 감사합니다. 아버지도~,
잘 견디시고 잘 싸우셨습니다!
아둔한 후손이 뜨거운 존경을 다시 보냅니다.

7
1940년, 2차 세계대전
독립이 온다!

먼저, 1940년 전후, 일본의 상황을 살펴보자.

일본은 왜 침략에 광분하였는가?

1979년인가 신차 설계를 위해 일본 미쓰비시 자동차에 출장을 간다. 일단은 생각 이상의 발전에 촌놈은 놀란다.

10일 정도 체류하면서, 그들의 기술력, 민도에 솔직히 경외심도 들더라. 아니 이것들이?

근거 없는 자신감으로 무시하던 일본이 아니잖은가?

나의 세대는 반공, 반일을 배우며 자랐기에,

일본에 대한 구체적 정보를 접할 기회가 적었다.

아니 거의 없었다. 그러기에 충격이 작지 않았다.

미쓰비시 자동차의 연구소 규모와 체계적인 신차개발 과정, 공장의 장비와 생산성, 주변 농촌의 풍요로움, 동경 시내의 변화한 모

습, 잘 가꾸어진 공원, 질서 있는 민도 등을 보면서,
일본을 배워야 일본을 이길 수 있겠구나!
밤늦게까지 동경 구석구석을 헤매며 많은 상념에 빠진다.

구한말, 세계적 흐름에 눈을 감고 외세에 의존하여 국체를 지키려 한 어리석음, 시기를 놓친 개화가 이렇게 100년을 뒤지게 했구나! 한탄스러우며 오늘을 사는 우리에게 역사의 준엄함을 말하는 듯하다.
우리 세대에 따라잡을 수가 있을까? 까마득하다.
결과는 역사에 맡기고, 우리는 우리의 책임을 다해야 한다!
돌아와 일본어도 배우며 역사를 탐구하기 시작한다.
일제 강점기에 대학을 다닌 아버지께, "일본 역사에서 누구를 먼저 공부해야 하는지요?" "도쿠가와 이에야스다"
처음 듣는 이름이다.??
"왜~요?" "그는 오늘의 일본을 만든 설계자다. 그를 배워야 일본을 제대로 본다" 예스 써! 그의 이야기 "대망" 20권짜리를 산다, 휴일도 휴가도 잊은 체, 2년 만에 완독한다.
나의 극일의 길, 아니 일본 공략의 길을 시작한 것이다.
일본을 이길 길이 까마득하다. 하지만 멈출 수 없다.
내 세대에 안되면 다음 세대라도 하도록 기반을 닦아야 한다.
부하, 동료들에게 소회를 말한다. "우리 죽기 살기로 하자!"
"이 시대를 사는, 우리가 받은 천명이다!"
그리 시작, 40년이 지난, 오늘날 현대차는 미쓰비시뿐 아니라 일

본 차를 추월하여 세계 5위의 세계적 자동차사가 된다.
잘 가르쳐준 선배, 동료, 따라준 후배들에게 경의를 표한다.
하하~, 이야기가 샛길로 갔다. 미안, 죄송.

일본군부를 중심으로 관찰하자!
개화기에 일본은 육군은 죠수번 출신이, 해군은 시쓰마번 출신들이 중심이 된다. 따라서 통합된 명령계통이 아닌 따로국밥 꼴이 된다. 세세히는 말할 수 없고 핵심사건을 중심으로~.
한국엔 알려지지 않았지만 1936년 2, 26 사건이 2차 세계대전으로 가는 중요한 단초가 된다.
보수 황도파 청년 장교들이 2월 26일 밤, 눈 내리는 동경 시내에 진입하여 여러 각료를 살해하며 일으킨 친위 쿠데타다.
당시 일본 내각은 이미 군부 내각이라, 보수 황도파와 강경 통제파로 나뉘어 파벌싸움이 극심하여 폭발한 것이다.

2월26일, 동경으로 진입하는 쿠데타군

일본 왕은 친위세력을 거부하고, 진압 명령을 내려 쿠데타는 실패하고, 주동 장교들은 처형 또는 자결한다.

황도파는 완전 세력을 잃고 통제파가 득세, 내각은 브레이크 없는 전차가 된다. 통제파 영수, 육군 대장 도조 히데키가 수상이 된다. 그는 1931년 만주 침략을 시작한 관동군 참모장이었으니 일제가 가는 길은 불을 보듯 뻔하다.
(패전 후, 전범 재판에서 그는 사형을 당한다)
1937년 자원이 부족하니 동남아시아로 진공하고 물자와 노동력을 채우고자 중국침략을 시작한다.
일본은 명분 없는 전쟁에 국제사회에서 왕따가 된다.

도조 히데키 수상

미국은 석유를 통제하여 일본에 맞선다. 육군 장군들은 무식하면 용감하다고, 미국에 일사 결전을 주장 한다. 이놈들아 손자병법도 육사에서 안 배웠냐? 병법의 기초가, 지피지기하면 백전백승이라! 몰라?

미국의 국력도 모르고, 알라 하지도 않고, 그 잘난 도스께끼(돌격)냐? 망하는 지름길에 들어선다.
해군은 달랐다. 미국을 잘 아는 제독들이 필사적으로 막으려 한다. 특히 후에 진주만 침공을 지휘한 야마모토 이소로쿠는 미국 대사관 근무와 하버드에서 공부하였기에 미국의 산업력을 잘 알고 있었다. 직접 보지 않은 사람은 깨달을 수 없다.

그는 예언을, 단기전은 이겨도 장기전은 필패다!
하지만 역사는 참 아이러니하다. 해군도 두 패로 갈린다.
항모 파와 대형전함 파로, 거포로 포격전을 하는 전함 시대는 1차 대전으로 끝나있다. 항공기 발달로 항모 싸움이 주 해전이 될 것은 불 보듯 뻔한데도 또 우긴다. 잘 허는 짓이다~~.
꼴통 전함파 제독이 육군 꼴통들 편에 붙는다.
꼴통들 만세! (시찌부 다찌 반자이!)
일본 왕은 강경파 의견을 존중하는 듯하며 참전을 결정한다.
(덴노 반자이!, 한데 얘는 왜 전범 재판에 회부 안 됐지? 특검해야 한다, 맥아더가 특검 모르는 모양이다.)

보수 언론이 바람 잡고, 재계와 군부는 결탁하여 전쟁으로 치닫는다. 마치 세계를 다 먹을 것처럼,
정치는 항상 이런 모양이다. 과거 한국도 언론은 바람 잡고, 정치와 군대, 재계는 결탁하여 단물만 빨지 않았는가?
이렇게 1941년 12월 7일 진주만 침공으로 광란의 잠혹한 선생이 시작된다. 우리에겐 용서 못 하는 세월이다.

1940년 외갓집 증조부 차학연, 평생을 믿음으로 살아온 증조모 조덕순은 1939년, 40년 잇달아 소천을 한다.
증조부 세대는 구한말과 일제 강점기에,
나라를 빼앗기는 처참한 역사 속에서도 문명한 나라,
독립된 강건한 나라를 만들기 위해 하나님 뜻에 따라 최선을 다

한 삶을 살다 가고, 새로운 세대는 또 희망의 꿈을 꾼다.

당시 외갓집 형편은,
장남 광명은 세브란스를 졸업하고 지주와 중산층이 몰린 신도시,
신태인읍에 병원을 개업한다.
큰사위 노천은(세브란스 졸), 역시 광주에서 병원을 열고,
집안 동생 차경섭(세브란스 졸)은 고향 의주에서 개업을~.
비슷한 시기에 숙질과 처남, 매제가 세브란스 의전을 같이 다녔
으니 서로 의지도 되고, 여러모로 도움이 많았었다고~,
훗날 차경섭 박사는 집안 행사에 참석, 옛날을 회고하며 세브란
스 수련의를 하는 집안 손자에게 덕담을 전한다.

30년대 후반, 중앙 흰 저고리 입은 이가 큰딸 광신, 왼쪽이 둘째 광자, 밑에 교복 입은 이가 큰 사위 노천은(전 전남대 총장이었던 노성만 박사, 전 MBC 사장 노성대의 부친

한국 근현대 의료사는(서울의대 황상익 박사 저)

한반도 내 의사 수를 1910년 100명 미만, 1943년 2618명이라 기록한다. (외조부가 의사가 된 1917년엔 200명 정도?)

전술한 바와 같이

1917년에 경성의전과 세브란스 의전이 4년제 의학전문학교 졸업생을 내기 시작하고, 경성대 의학부가 1931년쯤에 첫 졸업생(70%가 일본인)을 내게 되어 그나마 늘어난 숫자이다.

인구 만 명당 의사 한 명꼴이니 한반도의 형편을 미루어 짐작한다. 의사 수도 절대 부족이고, 전쟁도 해야 하니 군의 수요도 폭증, 30년대에 서울 여의전, 평양 의전, 대구 의전을 세우고, 44년도에 함흥 의전과 광주 의전을 설립하지만, 여전히 일본인 입학생이 과반수 이상이다. 일본 학생들은 의사가 되기 위해 무지 기수로 조선으로 유학을? 온다.

조선은 이렇게 우민화 책략에 살고 있었다.

또한, 기독교인 숫자는 여러 통계가 달라 확실치 않지만,

1910년 개신교인 수는 39,390명이라 기록한다.

평북이 18,743명으로 압도적으로 많다. 전라도 5,499명, 경상도 5,726명, 경기 충청 2,975명~

평북이 가장 많은 이유는,

앞에서 말한 바와 같이 지리적으로도 만주와 국경이 가까웠지만, 홍경래 난 이후로 평등한 세상을 꿈꾸는 욕구가 가장 강렬하였고, 평양 신학교가 일찍 문을 열었기 때문이 아닐까?

미루어 본다. 다른 통계는~

1896년 4,356명이

3.1운동을 기점으로 폭발적으로 늘어나,

1920년엔 319,359명이라 기록한다.

1937년에 374,653명으로 늘어나 가장 많은 숫자를 기록하나,

신사참배 문제로 1939년 283,543명으로 급격히 감소한다.

교회 폐쇄, 선교사 퇴출로 교회탄압이 본격화되자

1942년엔 245,000명으로 계속 감소한다.

많은 기독교 사를 보면서, 또 이 숫자를 보며 난 깨닫는다!

교회와 목회자가 정의에 앞장을 서면,

다~ 죽을 것 같아도 교회는 부흥한다.

3.1운동이 많은 희생을 치렀어도 민중의 지지를 받아, 정의와 민족의 편인 교회는 급성장하고 한반도는 신교육에 눈을 뜬다

하지만 그럴싸한 변명으로 신사참배에 굴종하자,

1938년부터 신도들은 교회를 떠난다.

이런 것이 하나님의 뜻 아닐까?

어떤 어려움이 있어도 교회와 목자가, 아니 우리가 하나님 편에 서면, 그가 지켜주신다는 약속은 왜 깨닫지 못하는가?

허나 하나님의 씨앗은 곳곳에 숨겨져 희망의 불씨를 지핀다.

딸들의 형편도 잠시 보자.

조부는 자녀 교육에 힘써, 딸들도 모두 고등교육을 받는다.

큰딸 광신과 둘째 광자는 정신고녀, 셋째 광혜, 넷째 광희는 전주

고녀를, 졸업시켜 모두 장로 집안으로 출가시킨다.
큰 사위 노 천은은 세브란스 의전 출신, 의사 이였고
둘째 김성배는 동경 예술 전문을 나와 전주 사범, 음악 교사
셋째 내 아버지는 고려대 상학과를 나와 전주 신흥학교 교사,
넷째 사위는 동아대와 상선 사관 양성소를 나와 외항선 항해사~,
무엇보다도 어려서부터 교회를 다니게 하여 기독교적 가치관과
애민 애족 정신을 갖도록 힘쓰신 좋은 아버지였다.

내 기억에도 외조부는 인자하고 박식한 멋쟁이 노신사이다.
초등학교 1학년 때, 영어를 가르쳐 주고, 넓은 세상도~
나에게 꿈을 심어준 첫 선생님이시다.
내 어머니는 12여 세쯤 일찍 생모를 잃었으나 매우 총명하여
담임선생이 서울로 진학시키려 했으나, 우리 딸 자주 못 본다
며 전주 고녀로 진학도록 하였다고~.
아버지의 사랑을 많이 받으셔서인지? 평생 친정을 많이
그리워하셨다. 본가의 경제 형편이 당시치곤 좋았지마는
힘든 시집살이에도 친정 식구를 배려하는데 열심이셨다.
우리 집엔 외가 친척들이 이따금, 자주 들리곤 하여,
심기가 뒤틀린 할머니는 차 씨들이 자주 들린다며 어머니를
구박하시곤 했다. 그때는 그랬다, 어느 집이나~.
그때마다 어머닌 매운 시집살이에 눈물을 훔치시곤 한다.
15여 년 전 가실 때쯤 착한 치매가 있으셨는데, 그리 당신
아버지를 찾으셨다. 나에게 "아버지가 나 이것 사주셨다,

7. 1940년, 2차 세계대전 독립이 온다!

121

나 아버지 집에 가야 해"를 반복하신다.
할아버지를 의미하는지 모르고, 어머니 여기 아버지 집이야. "여기 말고 내 아버지 집" 하시며, 임종 때까지 소녀처럼 당신 아버지를 그리워하셨다.

일제는 마지막 발악을 한다. 침략 전선은 동남아와 태평양까지 확대하고, 조선은 모든 것을 수탈당하며 통제, 감시당한다.
백성은 가위눌린 자가 되어 서서히 미라가 되어간다.
전쟁 때이니 모든 것이 배급제가 되고 공출과 노역으로 민초의 삶은 피폐할 데로 피폐해진다.
일제의 수탈과 감시는 더욱 심해지고 많은 사회 계몽 운동과 민족 활동은 엄격히 통제된다.

그래도 차경삼은 희망을 찾고자 그의 활동 무대를 교회로 옮기어 주일학교장, 후에 정규학교로 발전하는 야학운영, 독립운동 후원 등, 희망의 끈을 붙잡고 특히 이승만 박사 조직과 연통하며 해방을 준비한다.
신앙생활에도 매진하여 정읍교회(현 정읍 제일 교회)로 옮겨 조부 양공윤 장로와 함께 헌신, 1940년 장로로 장립된다.
1940년 10월, 교회는 차경삼 장로 임직 식에 고 성모 목사의 설교, 양공윤 장로의 장로 권면 순으로 진행되었다. 고 기록한다.
(정읍 제일교회 90년사 참조, 1999년 발행)
차경삼은 전국적 인물이 되었으나 일제의 발악에 이용당하지 않기 위하여, 1940년 이후 해방 전까지는 거의 대외활동 없이 교회 중심의 활동만 한다.
난 솔직히 친일기록이 있으면 어쩌나 염려를 했으나 어디에도 없다. 1940년부터 해방 전까지 언론에도 아무런 기록이 없다.

이때 한반도의 많은 지도자, 지식인들은 상황 착오에 따른 변심과 일제의 강요에 따라, 학병 출정과 보국대, 정신대로 나갈 것을 선동하고 있었다. 많은 청년을 사지로 몰아넣은 변절자들은 "일제가 망할 줄 몰랐다고~, 영원할 줄 알았다" 어림없는 변명을 한다. 하지만 차경삼은 일절 두문불출이다. 침묵하며 교회에만 헌신한다.

사랑하는 자식들이 일제에 속아, 전쟁터로 끌려갈 것을 가장 염려하여 일본의 패망이 멀지 않았음을 가르치고 단속한다.
해방 전야에 어머니는 여고생이었는데, 전쟁 초기 여러 승전 소식과 선전에 부화뇌동하지 말 것을 신신당부하셨다 한다.
당시 전주고녀는 전술한 대로, 일제 고급관리의 딸들이 많이 다니고 있어, 학교와 기숙사 분위기는 간호사와 보국대로 출정해야 한다는 분위기가 만연했다. 거의 광기에 가까웠다 한다. 황국신민의 의무를 다해야 한다며~
하나 일본인 관리들도 딸 단속을 하여? 몇몇만 간호사로 출정을 한다. 일장기로 머리띠를 두르고 전교생이 모인 출정 환송식에서 그들은 잠시 영웅이 되나, 곧 돌아오지 못하는 사지로 끌려간다.

7. 1940년, 2차 세계대전 독립이 온다!

123

후배들은 눈물바다를 이루고~,
우리도 곧 뒤따라 가겠다! 며,

하지만 얼마 지나지 않아 여학교인데도 죽창을 만들어 총검술을 가르치고 미군이 상륙하면 최후의 1인까지 이렇게 싸워야 한다며, 어린 여학생에게 죽창 찌르기를 연습시킨다.
머리 보호대를 뒤집어쓰고 공습대피 훈련을 받고~
어머니는 당신 아버지 얘기대로 일제가 곧 패망하고 조국이 광복될 것을 느끼고, 한 학년 밑인 동생 광희에게
"아버지 말대로 찍소리 말고 있자, 일본은 곧 전쟁에 진다."
외조부는 1945년에 졸업반인 어머니를 정읍에 취업한 것처럼 해서 아예 집으로 내려오게 하여 보호한다.
당시 연희전문, 고등상업 전문 학생이었던 광남, 광현과 딸 광혜, 광희를 잘 보호하여, 학도병이나 보국대에 끌려가지 않도록 한다. 불행히도 내 아버지는 학도병으로 끌려간다.

1931년 전주고녀 사진, 전주 고지도에서 우연히 발견

당시 1945년, 보성전문 교장이었던 인촌 김성수 선생은 학교 담을 공사 핑계로 대충 헐어, 징용 영장을 가지고 잡으러 온 일제 경찰을 피해 학생들이 도망가기 쉽게 했단다.

아버진 그리 도망 다니다 하숙집에서 잡혀, 기관총 사수 훈련을 받다 8.15일 해방을 맞는다. 훈련병들은 도망도 가고 통제 불능이 되자, 방면되어 죽음의 길에서 생환한다.

아버진 당시 병영 생활에 트라우마가 많으셨는지, 노환 중에 일본군 병영 시절의 악몽을 꾸곤 하셨다.

악몽을 말하며, 지독히 악한 놈들이었다 고, 치를 떠신다.

배운 자, 가진 자도 제정신으로 살기 어려운 세상이었다.

가난한 자, 배우지 못한 민초는 오죽했겠는가?

아직도 정신대 문제, 강제징용 등, 여러 역사 문제를 바로 잡지 못하고 있다. 역사의식이 제대로 없는 지도자로 인한 왜곡된 상황을 바로 잡기 위하여, 더 치열하게 몸부림쳐야 한다

그 고통 속에서도 꿈에 그리던 독립!

광복은 스멀스멀 다가오고 있었다.

당시 광복군은 의혈단 단장 김원봉의 사회주의 계열과 김구 선생의 임정, 민족주의 계열로 크게 나뉜다.

충칭 임정에서 잠시 통합된 모습도 보였으나, 장개석의 국민당군이 국공합작을 깨고 공산당 토벌을 본격화하자, 사회주의 계열은 모택동의 공산당 군과 같이 싸운다.

이들은 해방 후에 북한군의 중심이 된다. 얼마나 아이러니한 비

극인가? 어제의 같은 광복군 전우가 서로 총부리 겨누어야 하니?
사상은 이리 국가, 민족보다 무서운 건가?
조국 독립, 광복을 위해 15만의 선혈이 죽었다고 사학자는 평가한다. 우리는 연합군 측에게 어느 독립투쟁도 인정받지 못하고, 둘로 나누어지는 긴 비극이 오늘날까지 존재한다.

물론 임정 계열의 광복군은 미군 정보국과(O.S.S) 협력하여, 조선 침공 특수부대를 편성, 장준하 선생(해방 후, 사상계 편집장 등 언론 직필의 대명사)과 일본군을 탈영, 수천 리를 걸어 광복군에 입대한 열혈청년들은 침공훈련을 받지만, 히로시마 원폭으로 해방은 순식간에 와 버려, 임정도 아무런 공로를 인정받지 못하고 한반도는 또 난도질을 당하고 만다.

이 시기에 잘 알려지지 않은 중요한 인물을 소개한다.
작곡가 정율성이다! 그는 중국 공산당 군가, 연안송, 팔로군 행진곡 등 지금도 대표적인, 공산당 군가를 작곡한 인물이다.

그의 곡은 군가라는 한계성, 사상과 이념을 초월하여 높은 예술성을 인정받는다.
고향은 광주지만 1929년 형들을 따라 전주 신흥학교로 입학한다. 당시 신흥학교는 높은 교육수준과 기독교와 함께 민족 교육으로 호남에선 명성을 얻고 있었다.
교가도 만주 신흥무관학교의 군가를 사용한다, 오늘날도~.

정율성 내외. 중국인 부인은 정율성의 공로를 높이 평가한 모택동에 의해, 정율성 사후에 체코대사로 임명된다.

만세 만세 만만세 신흥학교 만만세!
지인용을 삼덕으로 신흥할지니
학도들아 용감력을 분발하여서 한 발자국,
한 걸음씩 나아갑시다.
신흥학교 졸업반 때(1933년) 상해로 가, 음악학교에 입학,
그의 천재성을 알아본 러시아 여교수에 의해 보석처럼 잘 닦여진다. 중국 공산당과 활동하며 많은 동요, 군가를 작곡하여, 빨치산 투쟁의 고달픔을 달래준 음악가이다.

그에게 관심이 많았던 나는 정말 우연? 아니 필연? 역사 속 그 인물을 돌아가신 지 40년이 지나, 내 삶에서 만난다.
2000년쯤이다. 홍콩에 주재하며 선전과 동관공장을 운영할 시, 중국세관의 음해를 받아 벌금을 2억 원 정도 맞았다.

이를 해결키 위해 중국 세관관리를 만나 재심사를 읍소하던 중, 친해져 술자리도 하지만 중국인은 쉽게 속내를 안 비친다
그의 부친은 중국군 대좌 출신, 미사일 전문가로 북한에 장기간 체류했다 하며, 공산당의 우월성을 말한다.
나는 읍소를 해야 하는 형편이지만, 사상은 시대에 따라, 추구할 가치에 따라 달라진다며 민주주의의 가치를 말한다.
세관 고급 간부인 그는 영어에 능통했다. 그러면서도 그때까지는 통역을 통해서 말했다. 갑자기 통역을 나가라 하며, 영어로 대화를 하잔다. 음~ 이제 속내를 꺼내기 시작하는군.
아버질 따라 북한에 있을 때 얘기며, 여러 신상 얘기한다.
나에겐 신기한 나라이니, 맞장구도 쳐주며 즐겁게 대화를 나눈다. 흥이 난 그는 노래를 부르고 싶다며 몇 곡을 예약한다.
그중 하나가 정율성의 연안송이다.

이 노래를 아느냐? 안다!
어~ 남한 사람이 이 노래를 알아? 작곡가는?
정 누구? 한국 사람이다. 순간 이름은 기억이 안 난다.
깜짝! 놀란다. 북한 사람도 모르는데 남한 사람이 알아?
그렇다 그는 내 고향, 내 고등학교 선배다. 훌륭한 작곡가다!
모택동도 으뜸으로 인정한 음악가, 혁명가 아닌가?
너희가 최고로 치는 팔로군 행진곡도 그의 곡 아닌가?
다가와 덥석 포옹한다. 자본주의자가 이걸 알다니?
곡조와 리듬이 참 마음에 다가오더라! 사상과 이념은 달라도

최선을 다해서 싸우고, 빨치산의 애환과 기상을 남달리 표현한 명곡이다! 그의 예술성과 정신을 말한다.
나는 그와 가까워져 일사천리로 재심을 받아, 잘 처결된다. 나는 그렇게 역사 속 그를, 오늘의 내 삶에서 만난다.

아마도 많은 애국 청년들은 사상과 가치, 재주에 따라 각자의 길을 가건만 역사는 다른 비극을 잉태한다.
해방 후 정율성은 이북으로 돌아가지만, 김일성 일당의 작태에 환멸을 느껴 중국으로 다시 망명한다.
중국에서 음악 활동을 하다, 62세에 심장마비로 사망한다.
고향을 떠나 30년을 떠돌다, 다시 돌아가지 못하고 이국땅에서 불귀의 객이 된다.
얼마나 많은 조선의 청년들이 그리 살았고 염원하다, 차가운 이국땅에서 불귀의 객이 되었는가?
우리의 삶을 허투루 살아선 안 된다! 다짐도 해본다.

계속된 어머니 이야기는,
독립운동가들과 비밀히 내통하여 독립자금을 전달하곤 하였다.
일제의 감시를 피하고자, 집에는 자식들 혼사를 빙자해 많은 금붙이를 준비해두어 저녁상을 물리시면서
"오늘 밤, 손님 오신다!" 하면 대문을 잠그지 않도록 하고,
누군가가 밤늦게나 새벽 일찍 다녀가셨다 한다.
독립군을 빙자한 불한당도 육혈포를 들고 나타나시는,

하~ 수상한 세월이었다. 특히 이승만 박사와 충칭 임정을 후원하시어, 해방 후 이 박사의 독립촉성 회에 참여, 호남의 주요 인물이 되고 이 박사가 주도한,
1946년 정읍 국민대회를 후원하여 남한만이라도 정부수립을 주창한 정읍 선언이 나오게 된다.

나 어린 시절, 집에 이 박사와 프란체스카 여사가 국민대회 참석 차 외갓집에 머문, 근대 정치사에 중요한 사진이 많이 있었지만, 내가 홍콩에서 귀국, 그때야 사진의 가치를 알고 찾았으나 모두 없어져 안타깝기 이를 데 없었다.

김구 선생도 1946년 1월,
정읍에 일부러 내려와 많은 군자금을 보내 준 정읍 유지들에게 "정읍 군민에게 신세가 많았다." "감사하다"라며 인사를 전하고 간다!

당시 대통령감 1순위인 이승만 박사가 처음 연 국민대회요, 중요한 선언을 할 장소로
서울이나 부산 등, 대도시가 아닌 중소도시인 정읍을 선택했는가? 상식적으로 이해가 되지 않는다.
우리가 잘 모르는 특별한 관계가 있었던가?
아니면 단순히 명망 있는 든든한 후원자, 차경삼과 뜻을 같이하는 많은 유지가 있어 쉽게 언론의 주목도 받으며 흥행에

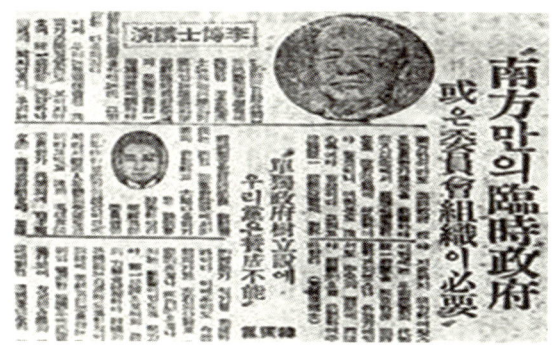

기사(출처: Google)

이승만 박사의 정읍 선언이 나온, 시내 중심에 있는 정읍 동초등학교.
(박상모 작가 촬영)

성공할 수 있다고 생각했는지?

이 박사 내외와 한민당 인사들은 대거 정읍으로 내려와,

해방 후 최초의 대형 정치적 이벤트와 시국 선언이 정읍에서 나오게 된 배경인가?

지금으로선 알 길이 없다.

TV "땅의 역사" 박종인 기자도 정읍 편에서 같은 의문을 던진다.

"왜 정읍에서 이런 큰 정치적 행사가 열렸는가?"

그도 답하지 못하고 질문만 던진다.

모두가 알 수 없는 속사정이 있긴 있었던 모양이다.

집안의 얘기론,

그는 교만함 없는 인자한 의사로서 오지 왕진도 주저하지 않았고, 가난한 자에겐 진료비를 싸게, 무료진료도 서슴지 않는 실력 있는 의사로~ 언론의 평판대로

뛰어난 사업가요! 건전한 투사요!

하나님을 섬기며 헌신하는 교회 장로이기도 했다.

지난 25년 넘게 여러 유지와 함께 꾸준히 민족계몽 활동에 매진하여, 많은 청중을 동원할 수 있는 흥행 보증수표였고, 다른 지역과는 달리 지도층을 바라보는 정읍 민중의 시각과 평판, 인심이 좋았기에 이런 전국적 정치행사가 가능하지 않았을까? 미루어 본다.

이 박사 내외는 이틀을 외갓집에 머물다 간다.

정읍 군 협의회는 군유지 200여 명이 참석한 가운데 독립촉성회 회장에 차경삼, 부회장에 박명규가 선출된다.

이렇게 광복은 되었지만, 우리의 독립전쟁은 국제사회에서 인정받지 못하고, 한반도는 또 다른 격동의 시대와 민족상잔의 시기가 스멀스멀 다가오고 있었다.

내가 태어난 정읍 수성동 외갓집, 100년 된 고택의 현재 모습, 지붕은 골 기와였는데 너무 낡아 크게 수리했단다.

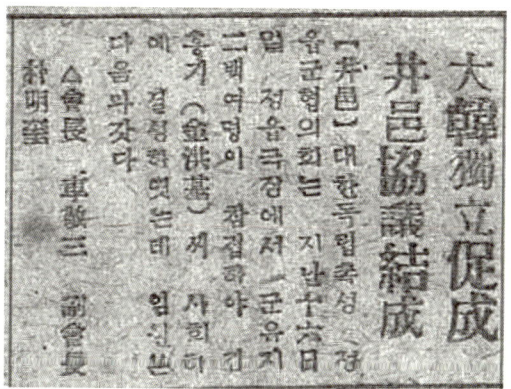

1946년, 중앙일보 기사. 대한 독립촉성 회 결성

8
1890년, 새 세상을 열어라!
- 차학연 장로

먼저 외가 증조부, 차학연의 이름을 나는 가족 누구에게도 전해 듣지 못했다. 어렸을 때 집에 있던 빛바랜 사진 중에 인자하게 생기신, 한 할머니의 모습이 이모들과 큰 외숙모와 함께 있어 어머니께 누구시냐? 고 묻자~

응, 엄마 할머니라고 답하신 걸 기억한다.

뒤에 기록을 맞추다 보니 1930년대 말경 사진으로 추정된다.

그리고 이 기록을 위해, 외갓집 호적을 발급받아 처음으로 차학연이란 존함을 마주하게 된다.

아~ 외가 증조부가 차학연이란 분이었구나! 하고 그냥 넘어가려 하다, 1890~1910년대, 그 암흑기에 당신 자식들에게 최고의 신학문을 가르치지 않았는가?

그리고 1940년 1.1일 자 동아일보에 신년특집으로 조선 장수 노인 인터뷰 기사 중, 조덕순 할머니의 사진과 대담 내용을 찾아냈다.

나는 희열에 떨며, 맞아! 어려서 봤던 그 사진 속 할머니! 숨도 안 쉬고 단숨에 읽는다.

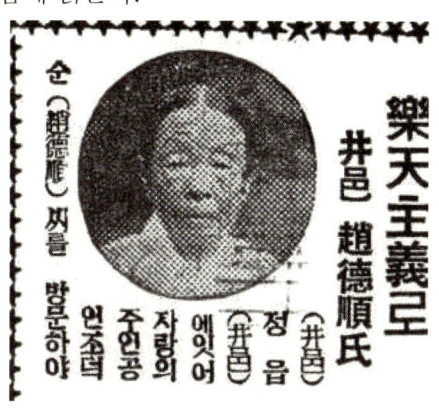

정읍에 있어 자랑의 주인공인 조덕순 씨를 방문하야 수양보건의 건강 승리 담을 들어 보기로 한바

내외분이 구존하야 모두 건강하시고,

아드님 한 분에 딸 두 분, 친손자 다섯 손녀 다섯이요,

아드님 되는 차경삼 씨는 본 정읍지국 고문이요 크리스쳔 의사로 정읍의원을 경영하는 매우 유복하고 평화로운 가정이다. 어떠케

이와 같이 건강하십니까?
어려서부터 예수를 믿어 마음이 평안하니까 오래 살고 건강 하는 모양입니다. 무엇보다 맘이 평안하여야 할 줄 압니다.
나는 과언과욕을 실행하며 항상 기쁘고 즐거웁게 한시도 쉬지 않고 일합니다. 잘 보이시나요?
잘 뵈입니다. 우리 아들의 와이샤스도 올가을에 손수 지어서 주었는데 이것이 마주막이 될지 모르지요.
식사는 어떠케 하십니까?
규칙적으로 상당히 먹고 간식은 안습니다.

나는 이 글을 읽다 소스라치게 놀란다.
어려서부터 예수를 믿어???
그럼 언제부터? 황급히 호적을 뒤진다.
조덕순의 출생연도는 날림체여서 출생연도가 분명치 않다.
증조부 차학연 출생연도는 단기 419?년, 그럼 서기 1867년생? 정도이다.
그들의 유소년시절은, 대원군 이하응이 집권하고 어리석은
쇄국정책을 펴든 시기이다.
이때 조선에 선교사의 포교기록은 아직 없었던 때다.
즉 서북에서는 민족 자발로 등짐을 지어 성경을 들여오고,
국문으로 번역하여 수천 권의 성경이 단행본으로 뿌려져 있었다고 후에 선교사가 기록했던 바로 그 시절 아닌가?
어려서부터 믿었다 하니~

즉 늦어도, 1870년대에 예수를 믿었다는 얘기 아닌가?

놀랍다. 정말 개벽의 시대를 열었구나!

그때는 목숨을 걸고 믿어야 한다. 천주교든 기독교든~

믿는 집안과 교류하여, 믿는 며느리를 맞이했다면 고조부 차 창준 내외도 믿었다는 얘기인데~ 믿는 여성과 혼인을 한

증조부 차학연도 이미 믿었다는 증거이다.

두 분의 혼인 시기가 정확지는 않지만, 나이와 시대상을 미루어 볼 때 1880년경으로 추정한다.

보통 분이 아님을 직감한다.

어딘가에 기록이 남아 있을 것 같다.

여러 기독교계 사이트로 들어가 그의 존함을 친다.

아 여기저기 한국 기독교계에 큰 발자취를 남긴 기록들이 나타난다. 차형준 목사도 같이 나타난다. (차병원 설립자 차경섭 박사의 아버지) 외조부 차경삼의 삶을 추적하다, 증조부 차학연의 삶을 발굴한다.

한국 교회사는 "제도권 교회에 대한 저항운동"이란 제목에서 일제하 한국교회 안에는 순수 복음주의적 신앙 운동으로서의 저항운동과 반 선교사 자치운동으로서 저항운동이 나타났다. 자유교회란 오늘날의 독립교회에 해당하는 것으로서 당시, 일제하에서 독립이라는 표현을 사용하기 어려워 자유교회라는 표현을 사용했다. 그중 중심인물은 최 중진의 자유교회(1910년, 부안 정읍, 임실)와 차학연의 자유교회(1911년, 평북 의주)는 선교사들의 독

주에 대한 반발로 일어난 자치운동이었다. 라고 기록한다.
이러한 자치, 자유교회 운동은 선교사들의 우월주의와 독선적인 운영에 대한 반발과 미국인에 대한 불신, 민족자존의 기풍에서 출발했지만, 일제는 교회를 분열시키기 위해 이러한 운동을 지원했다. 라 기록되어 있다.
더 조사해본 결과, 일제가 악의적으로 교회를 분열시키기 위해 일본조합교회를 통해, 조선 회중 교회에 일부 자금지원을 한 것은 사실이다.
회중 교회에 대한 평가는 부정적인 면과 긍정적 평가가 극명하게 갈린다. 후에 유 일선 목사 등 일부는 일본 조합교회에 자금지원을 요청하곤 했으나, 바르지 못한 일이라 동료에 질타를 받고 조직을 재정비하는 노력도 하나,
유 목사의 사망으로 전국적인 교세는 사그라진다.
보수 교단은 이런 부분을 부각하여 자유교회 운동을 깎아내리고, 친일과 이단이라는 굴레까지 씌운다.

내가 여러 자료와 증언, 기록을 검토 결과,
대부분의 서양 선교사들의 헌신과 공적은 매우 지대하나?
1900년경 상당수의 선교사는 국체를 지키지 못하고 일제의 식민지로 전락하는, 구한말 신도들의 신앙 수준을 미숙하다고 평가하였으며, 재정 자립도가 매우 낮아 대부분의 교회가 건축과 운영자금 태반을 선교사에 의지하는 실정이었다. 그러니 인종 우월주의적 생각도 상당히 있어, 교인들을 상하관계 속에 놓고 보호와

간섭, 지도와 교육 대상으로 여겼으니 시간이 지나면서 그 관계가 날로 악화하여 여러 교회에서 분열되는 계기가 된다.

또한, 많은 선교 기록을 더듬어 보면, 태반의 선교사들이 한국인 조력자의 이름과 그 행적이 기록된 보고서나 기록을 찾기 힘들다. 폄하하는 것은 아니고, 다만 당신들의 숭고한 선교 실적만이 있다.

하지만 이순신 장군의 기록을 보면, 일개 병사, 노비, 종 등, 미천한 자의 이름과 행적, 공적이 낱낱이 기록되어 있다.

진정한 지도력은 무엇인가?

진실한 소통이 아닐까? 생각해 본다. 아니 하나님 뜻은?

애통해하는 자, 작은 자를 귀하게 대접하라는 것 아닌가?

이 엄청난 차이를 당신들은 머라 말할 수 있나?

많이 안타까울 뿐이다. 바로 이때,

호남의 최중진 목사가 자급, 자립하는 독립교회 사상을 주창한다. 하나 그 역시 재정문제는 해설 난망하여,
선교사와 교단에 지원을 요청하는 모순을 저지르게 되고 안타깝게 교단으로부터 파문을 당하게 된다.

평북 사회와 차학연 목사는

현명하게 재정 자립을 확보하여 활발히 독립교회 사상을 구체화한다. 일제의 탄압으로 독립이란 호칭은 사용치 못하고, 자유교회, 회중 교회라 칭하게 된다.

한국 교계는 이런 진통을 겪으며, 선교사들의 공개적 회개와 자

립 자강의 길을 모색하게 된다.
송수현 목사(현 오사카 한인교회)의 석사 논문과 교계의 여러 논문과 보고서는
"호남의 정읍교회는 차학연 목사가 목회하고 있었으며 그의 아들, 차경삼은 대표적 인물이기도 하였다. 이러한 일
때문에 정읍교회는 발전해 갈 수 있었다." 라 기록한다.

또한, 전북교회 역사 문화 연구원장인 전병호 목사는
최중진 목사가 말년에 일본 조합교회에 동참하는 우를 범하였지만, 민족자존을 앞세운 그의 운동이 호남선교에 엄청난 부흥의 바람이 불었을 거라 하며 그의 1940년 이른 죽음을 애도한다. 한편 그의 자치교회 운동에 동조하는 여파가 여기저기 나타나, 1911년 평북 의주군, 노북교회 영수 김 원유와 강계의 차학연 장로 역시 최중진 목사의 주장과 운동에 공감하여 자유교회 운동은 이북으로까지 번졌습니다.
라 기록한다.

교회사는 평북 강계 교회 분열사건을 기록, 핵심을 요약하면,
강계 읍 교회는 1900년 김윤봉에 의해 설립되어,
선교사 위트모어가 와서 열심히 전도하여 교인 수가 80이 되도록 부흥한다. 1904년 의주의 차학연이 이곳에 이주하여 열심히 교회를 섬기자,
이학면 집사는 그와 함께 명신 학교를 설립한다.

이들은 순수하게 교회를 섬겼으나 1910년 차학연 장로는 선교사들의 운영에 불만을 표하고 50여 신자들과 교회를 이탈하고 말았다.

이후 차학연은 조합교회에서 안수를 받아 목사가 되고 수백 명의 교인으로 교회를 성장시키면서 자유교회라고 이름을 붙였고, 주변에 7개 교회를 더 설립하고 유신학교와 근혜 의원을 설립하면서 전성기를 이룬다.

자유교회란 선교사들의 간섭을 받지 않고 자유롭게 신앙생활을 한다는 의미이며, 공식 명은 조선 회중 기독교회이다.

선교사의 간섭을 받지 않는다는 점에서 호남의 최중진 목사와 맥을 같이 하였다. 차학연 목사가 전북으로 이주하고,

후임 이돈구 목사가 떠난 후, 교세가 약해져 일본 조합기독교회에 통합되었다 한다. 라 기록한다.

바로 이때, 현 차병원그룹의 차광열 이사장의 조부 차형준 씨가 (당시 평양 신학교 학생) 집안 형님인 차학언을 도와 교회 개척과 학교 설립 등 많은 일을 도왔고, 친형제가 없었던 두 집안은 많은 일에 서로 의지가 된다. 후에

형준 목사는 정읍교회 담임목사로도 오시게 되고, 아들 경섭은 큰 외숙인 차광명과 같이 세브란스 의전으로 진학한다.

또한, 전설이 된 이북교회 강계 읍 교회 편은

강계 읍 교회에 차학연(車學淵) 장로는 교회의 기둥 같은 분이었

고 명신 학교를 설립한 분으로, 교회가 너무 선교사 중심으로 운영되는 것에 불만을 품고, 1910년에 일부 교인들과 함께 강계 읍 교회에서 나와 조선회중기독교(朝鮮會衆基督教)를 세웠습니다.

1928년 매일신보에서 "명신 학교를 동정하라"라는 기사를 찾아낸다.

십수 년 전에 차학연과 강계 교회 신도들이 세운 지방 유일의 중등교육기관이 재정난에 허덕이고 있어 민족 교육을 위해, 많은 강계 유지들의 동정이 필요하다 역설한다.

상세한 내용은 해독할 수 없다.

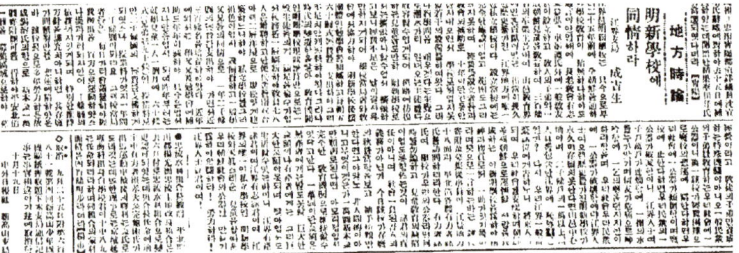

한국교회의 개척자들 이란 논문의 "선교사 Samuel과 한 석진 편"에 1910년 2월 21일 전국교회에서 모금한 1,000원을 기금으로 예수교 회보가 창간되고 신문위원에 James Gale, 한 석진, 차학연 등 8명이었다.라 기록되어 있다.

예수교 회보는 1910년에 창간된 최초의 기독교 신문이었다.

전국에서 8명의 신문위원 중 하나로 차학연이 위촉된 것은, 그의 신앙, 학식과 활동력 등이 교계에서 객관적으로 충분히 인정받았다는 방증이 아닌가? 생각한다.

어머니로부터 당신 할아버지 얘기는 전혀 듣지 못해,

그의 교육 정도와 인품과 사상, 재력 등을 가늠할 수는 없지만,

여러 기록에 의거 제반 형편을 미루어 보면,

187~80년대는 목숨을 걸고 기독교를 믿던 시절이다.

많은 믿음의 선진이 목베임을 당하지 않았던가?

그때 믿었다? 후손이라도 경외스럽다.

나라면 믿을 수 있을까? 못할 거 같다.

일단 대단한 깡이다! 아님. 특별한 은혜가 있었나?

더욱이 자신의 믿음만이 아닌, 세상을 바꿔보자는 의지를 갖고

교회의 장로, 목회자로서 일곱 교회를 개척한 활동과

영실 중학, 명신 학교, 유신학교, 근혜 병원 설립하여 교육과 구제에 힘써 민중을 일깨웠던 실천력, 자녀 교육 등을 미루어 볼 때 뛰어난 선각자, 재력가였음이 분명하다.

지금도 수백 교인이 쉽지 않은데 당시에 그 규모로 교회를 부흥시켰다 함은 그의 신앙과 학식이 출중하였으며, 더욱이 최초의 기독신문의 신문위원으로 위촉될 만큼 그의 활동과 생각이 주변에 인정받은 것으로 미루어 짐작한다.

그랬으니 당신 자식들도 최고의 신학문을 수학게 하여 미래를 준비하셨구나! 아~ 왕대밭에 왕대 난다더니 존경을 보낸다.

이즈음에 딸 차영민은

정신고녀 졸업하고 교회와 명신 학교 교사로, 여성 계몽운동가로 활동한 것으로 애국부인회는 후에 증언한다,

앞에서 기록한 데로 아들 차경삼이 경성의전 졸업 후, 1917년부터 전주병원을 개업하자 과감히 호남으로 이주, 정읍에 독립교회를 설립하고 목회활동을 활발히 전개한다.

차학연 목사의 기록은 1921년 9.8일 자 동아일보에
조선의 조합교회는 일본 조합교회의 일부로 종래 되었으나 조선 회중기독교로 개칭하며 조직을 일신하여 강령과 임원은 아래와 같다. 회장에 유 일선, 부회장에 차학연과 이사진을 선임하였다.
라 보도한다.

이는 극심한 재정난으로 유 일선 목사의 주도로 잠시 일본 조합교회와 협력 하였으나 총독부 지령에 따르는 일본 조합교회의 의도를 파악하고, 독립교회의 정신과 원칙인,

자급 자립의 길을 걷기 위해 전국적으로 조직을 재정비하여 민족과 회중을 중심으로 하는 교단 운영을 천하에 재공표하는 것이었으며 차학연 목사는 부회장으로 앞장서 나아간다.

동아일보는 1923년 11월 29일엔
회중교회당 신축착수라는 기사에서, 그간 정읍의원을 임시 예배

당으로 사용하던바 본부의 승인을 득하야 교당을 신 건축하기로 결정하야 중산리 공지를 매입하고 건축에 착수하리라.

이 기사는 짧은 시간에 회중 교회는 부흥하고 있다는 증거로서 여러 기록이 증거가 된 데로 차학연 목사가 이끄는 정읍교회만이 성장 하였다.

또한, 신문은 구제 활동에 정읍 회중 기독교회가 앞장서, 동포의 고통을 나누는 일에 솔선수범하였다. 라 기록한다.

일부 교계 논문과 기록은 회중 기독교회가 일본 조합교회에 편승하여 교세를 확장하려 했고, 총독부의 농간에 놀아나 마치 친일적 활동을 한 것으로 묘사도 되어있으나, 양측 기록을 다 살펴본 결과~

출발 동기와 목적은 순수하여 많은 동조자도, 선교사들의 회개와 우리 기독교계의 각성도 있었다. 하지만 일부 회승교회 목사들의 작위적 성경 해석과 일본 측에 자금 요청 등은 분명히 잘못된 처신이기도 하다.

따라서 위에서 언급한 바와 같이 곧 자정적 노력을 결행하여 일본 조합교회와 고리를 끊고, 회개하며 자립의 길을 모색한 것 등은 긍정적으로 평가받아야 한다.

왜?

그나마 그들은 현실에 눌려, 저지른 잘못을 곧 회개하였기 때문이다. 의로운 교회, 선교사와 고신 측만을 제외하고 전통 교단 모두가 1936년 신사참배에 굴종하여,
하나님을 얼마나 애통하게 했는가?
그 건 머라 변명할 것인가?
몇 목사와 어린 학생들은 신사에 절하지 않고, 하나님을 부르짖으며 순교와 폐교를 당할 때, 당신들은 무엇을 하였소?
나는 감히 그들을 향해 삿대질한다!

한국 선교사는 이를 역사에 기록한다.
호남지방에서 선교했던 미국 남 장로교 선교부는 신사참배 요구에 대해 단호하게 대처했다.
이들은 신사참배는 명백한 우상숭배이므로 받아들일 수 없는 사안임을 확인하고 학교폐쇄를 결정했다.
당시 선교부 총무 풀톤(Fulton)은 일본 고베지역 선교사 아들로 일본에서 성장했으므로 신사와 신사제도를 정확하게 헤아리고 있었다.
남 장로교 선교부가 운영하던 광주의 숭일 중학과 수피아여중, 목포의 영흥 중학, 정명여중, 순천의 매산 학교, 전주의 신흥학교 기전 여학교, 군산의 영명 학교 등은 폐교되었다.
북 장로교는 논란 끝에 남 장로교의 영향을 받아 결국에는 학교 폐쇄를 결정하게 된다. 서울의 경신학교와 정신학교, 대구의 계

성 학교 신명 학교, 평양의 숭실학교 숭의 학교 재령의 명신 학교, 선천의 신성중학교 보성학교, 강계의 영실 학교 등이 폐교를 선택했다.

바로 이때,

내 아버지는 신흥학교 1학년생, 차경섭 박사는 5학년 졸업반이었다. 전주 다가산에 있는 신사에 동방요배인지 참배인지를 하기 위해 전주의 모든 학생은 늘어섰으나,

신흥학생들은 절하지 않고 뒤돌아서 버린다.

기전 여학생들은 그 자리에 주저앉아 통곡하고,

순간에 신성한? 식장은 아수라장이 되어버린다.

총독부의 폐교냐? 신사참배냐? 선택을 강요할 때,

인톤 교장과(현 세브란스 병원의 인 요한 의사의 조부, 독립 후, 대전대학 설립자) 학생들은 "다른 신과 우상에 절하지 말라는 하나님의 십계명 1조를 지키기 위해, 민주적 절차대로 학생총회에서 폐교를 선택하고 문을 닫는다.

학생과 교사들은 눈물로 기념사진을 찍고 뿔뿔이 흩어진다.

신흥의 폐교 결정이, 상술한 20여 기독교 학교의 폐교 결정을 이끈다. 10여 년의 폐교가 해방 후에야 문을 열게 된다.

해방 후, 인톤 교장은 미 군정의 전북 군정관(도지사 격)으로 부임하고, 신흥학교와 기전 여학교는 복교된다.

그들은 지금도 폐교 결정과 희생을 자랑스럽게 민족과 후배들에게 전한다.

식민지 역사상, 종교문제로 학교를 폐교하는 간악한 짓은

일제가 처음이다. 선교사도 다 쫓아내고~.
아마 아니 확실하다! 하늘도 분노했을 것이다.
그러니 끝내 원폭 세례를 맞고 패망의 길로 간다.

1937년, 폐교를 결정한 신흥학생들의 고별사진. 신흥의 영어 첫머리인 S자를 그린다.

하지만 한국 기독교총연합회는 80여 년이 흐른, 겨우 몇 년 전에야 공식적으로 회개한다. 하나님이 주신 첫 계명인, 십계명을 부

정한 그 큰~ 죄를 회개하는데 그리 긴 세월이 필요하였소? 정말 하나님의 사람은 많지 않다,
작은 숫자지만 숨겨져 있다. 겨자씨만큼 작지만,
때에 이르면 누룩처럼 많은 것을 변화시킨다.
차학연은 고령을 핑계로 정읍 회중 교회는 신사참배를 거부하며 문을 닫는다.

1932년 6월 27일 자 동아일보는
정읍에서 봉제 강습회 개최라는 제목으로 정읍 유치원 자모회는 7월 4일부터 4일간 어린이 양복의 재봉 법을 학습시키려 하는데 일반 부녀자는 다수히 참석하기 바란다. 강사는 조덕순 여사. 송일주이다.

또한, 동년 7월 16일 자는 정읍봉재강습 성황리 종료라는 기사에서, 정읍 유치원 자모회 주최로 4일간 재봉강습회를 개최한다고 본보에 귀보 하였거니와 그 후 회원들의 희망에 의하야 2일간 연장시켜 6일간의 강습이 대단한 성황을 이루었는데,
강사 조덕순 여사는 금년 70의 고령으로 이 강습회에 힘써 주었다 한다.

나는 이 기사를 읽으며 고령에도 당신이 가지고 있는 것은 기꺼이 나누겠다는 생각과 태반의 여성이 아직 암흑에 갇혀 있을 때, 조금이라도 여성계몽을 위해 힘써야 한다는 그녀의 행동에 경의를 표한다.

또한, 아내로부터 전해 들은 어머니의 증언 중 증조모는 설날이면

동네 아이들이 세배를 올 때,

노트와 연필을 많이 준비하셨다가 세뱃돈 대신으로 주셨단다. 공

부 열심히 하고, 예수님 잘 믿으라고~,
당시엔 공책과 연필이 흔한 것이 아니니 동네 꼬마들이 마당에 가득하였다, 한다. 얼마나 지혜로운 어른이신가?

이렇게 차학연 목사와 조덕순 내외는 하나님 은혜 속에 믿음으로 민족의 새벽을 깨우는 삶을 살다, 1939년, 1940년 연이어 소천을 한다.
한 알의 씨가 땅에 떨어질 때 많은 열매가 맺나니~,
아무런 희망이 없는 암흑의 시대에
새 세상을 열어야 한다! ~,
죽을 각오로 믿음을 받아 애족, 애민의 삶을,
하나님의 말씀을 행동으로 실천하는 삶을 평생 뜨겁게 살다 간다. 나는 어려서 본 사진 속에서 그분을 만나, 그 생애를 추적하며 이 글을 써 내려간다.
오늘을 사는 후손으로서, 조부들의 삶에 깊은 경의를 표하며 옷깃을 여민다.

9
1910년 만주 벌판,
차형준 목사, 아들 차경섭 박사

1976년인가? 아내가 첫아이를 유산하고 임신이 되지 않아 걱정하는 모습을 보고, 둘째 외숙모가
"자네 나 따라 차 산부인과에 가보자" 하여,
당시 스카라 극장 앞에 있던 차 산부인과에서 차경섭 박사를 처음 뵈었다. 내 외조부와 비슷한 용모와 인품이다.
속으로 외조부를 떠올리며 영판 차 씨구먼~. 물론 어머니로부터 경섭 삼촌이라는 호칭은 많이 들었으나 자세한 이야기는 관심 없는 체 시간이 흘러갔다.
아내는 치료가 잘 되어 무사히 첫 딸이 탄생하고~,
감사한 마음뿐이었다.
또 한참 후, 어머니를 모시고 여동생이 출산을 위해 입원한 논현동 차병원으로 차 박사를 방문, 오랜만에 만난 숙질간은 서로 무

척 반갑게 집안의 안부를 서로 묻는다.

나의 아버지와 여러 이모, 외숙들의 안부도 물으며 무척 반가워하셨다. 집에 돌아와 어머니로부터 차 박사의 얘기를 소상히 들을 수 있었다.

1920~40년대에 정읍교회 장로였던 나의 조부 양공윤 장로가 차 박사의 부친인 차형준 목사를, 평소 친분이 많았던 차경삼 의사

차형준 목사(차경섭 박사의 아버지, 1935년경)

의 추천을 받기도 하였지만, 이북에서 이미 유명한 목사였기에 담임목사로 청빙,

차 박사 가족은 정읍으로 이주케 된다.

조카들인 어머니 형제들과는 같은 또래라 가끔 집에 놀러 왔고, 이모들이 경섭이 삼촌, 경섭이 삼촌 하며 놀리곤 해도 수줍은 소년이었던 차 박사는 빙그레 웃곤 하였단다.

전술한 바와 같이,

차경섭 박사는 전주 신흥고보를 다니다 1937년 신사참배 거부로 신흥학교가 폐교되어 당시 1학년생이던 나의 아버지와 다수의 학생은 고창고보와 전주고보로 전학을 간다.

1935년, 전주 신흥고보 - 호남 학생연합 예배 기념촬영.
본관과 강당(현존)은 당시 호남 최고의 학교건축물이었다

5학년 졸업반인 차 박사는 세브란스 의전으로 진학한다.

전해진 집안 이야기론 신흥고보 시절,

차 박사는 수학에 매우 특출한 재능이 있어 본인은 일본으로 유학하여 수학을 전공하고자 했으나, 당시의 목회자 생활은 경제적인 여유와 안정된 생활이 없었기에, 안정된 외갓집 형편과 장남 광명과 사위 노 천은의 세브란스 의전 진학에 큰 자극을 받아 차 형준 목사는 경섭에게 의사가 되길 권유,

세브란스 의전으로 진로를 바꾸었다 한다.

졸업 후 한때 고향인 의주에서 개업도 했으나, 해방 후 큰 꿈을 가지고 미국에 유학, 아내의 헌신적인 내조로 6년간 형설의 공을 쌓고 귀국, 이화여대 의대 교수를 거쳐,

옛 스카라 극장 앞에 차 산부인과를 개원. 그것이 차 병원의 시작이었다. 각고의 노력으로 세계적 명의가 되고,

차 병원 역시 그 아들의 노력이 더해져 최고의 병원이 되어있다.
여기선 차 병원 이야기를 하자는 게 아니다.
그의 성공 신화는 너무 알려져 있으니~~

정읍 제일 교회를 방문하여 친가, 외가의 흔적도 찾고~ 제일 교회 90년사를 꼼꼼히 읽는다. 조부 양공윤 장로, 외조부 차경삼 장로, 넷째 이모의 시아버지 박상욱 장로,
세 장로가 나란히 보인다. 그리고 차형준 목사의 사진도….
이분이 차경섭 박사의 아버님?
그리고 이 기록을 위해 증조부 차학연 목사의 기록을 찾다가 차형준 목사의 기록도 찾게 된다. 두 분은 정확히 몇 촌인지는 모르나 6촌은 넘지 않을 거라고 이모님들에게 들었다.

전설이 된 이북교회, 홍경래 난이 있던 정주 읍 교회 편은
정주의 모 교회라 할 수 있는 정주읍 교회는 1899년에 설립되었다. 최초에 차형준(車亨駿) 강도사가 교회를 섬겼다.
다음에는 철산 출신의 정기정 목사가 담임하였는데 1909년에 평양 신학교를 2회로 졸업하고, 평안북도에 26개의 교회를 개척 설립하였다. 후에 남강 이승훈 장로가 오산학교에 오산교회를 세우고 정기정 목사를 담임으로 세웠는데, 그는 정 기정 목사에게 세례를 받았다.
차형준 목사는 평양 신학교 4회(1911년 졸업) 출신으로 평안북도 정주군에 1899년 설립된 정주읍 교회의 첫 목회자 (처음은 강도

사)로 1911년부터 1917년까지 섬겼다.
로 기록한다.

평양 신학교는 1907년, 1회 졸업생 7명, 1908년은 졸업생 없고 1909년, 2회는 8명 3회는 27명, 4회 졸업생 15명 중, 김 덕선과 차형준을 대표적 인물로 기록한다.

1917년에 기독 장로회 교단은
차형준을 북간도 안동 현으로 파견한다, 로 기록.
압록강 부근, 만주 안동현은 조선인 촌락이 많은 독립운동의 중요한 거점이었다. 약산 김원봉이 이끄는 조선 의열단이 일본 고위관리 암살과 테러에 쓸 고성능 폭탄을, 상해에서 제작하여 텐진으로 선박 수송, 다시 육로로 안동 현으로~,
숨을 고르며 기회를 엿보아,
압록강을 건너 의주를 거쳐 경성으로 밀반입하는 계획에 있어, 거쳐 가야 할 중요 거점이었기에 독립군과 일본 경찰, 헌병대 첩자가 우글거리며 공존했던 지역이다.
누가 첩자고 누가 밀정인지? 누가 어느 계열의 독립군이고, 의열단원인지? 서로를 믿을 수 없는 형국이었다.
영화 밀정의 소재가 된, 실전적 소설 1923년 경성을 뒤흔든 사람들에서 의열단 단원인 김시현, 홍종우와 일본 경찰 간부이자 의열단 비밀단원인 종로서 황 옥 경부가 안동 현을 거쳐 경성까지 폭탄 밀반입에는 극적으로 성공하나,

거사 전, 보관된 폭탄이 밀정의 밀고로, 총독 암살은 실패로 끝난다. 종로 경찰서에 폭탄을 던진 의열단 단원 쌍권총 또는 피스톨이라 불리는 김상옥은 도피 중 경찰과 총격전을 벌이다 마지막 총알로 자결하여 장렬한 순국의 길을 간다.

황 옥 경부는 정체가 탄로 나 10년 징역형을 살고 해방을 맞는다. 김구 선생과 의열단 단장 김원봉은 그들의 이름을 부르며, 너무 많은 조선의 청년들이 희생되었다~ 며, 애통해한다.

해방 후 장택상과 친일 경찰 노덕술에게 공산주의자라 수모를 당

조선 의열단 단장, 김원봉

쌍권총 김상옥 의사

하고 북으로 간다. 북에서도 간첩 누명을 쓰고 숙청당하는 한 많은 일생을 산 진정한 대한 독립군이다.

바로 그때, 안동 현 조선인촌에서 목회활동을 빙자하여 독립 조직과도 연통하며 암약을 했다는 이야기가 집안에선 회자 되었지만, 구체적 증거는 없으나 목회 지를 옮기라는 명령을 받는다. 아마 독립운동에 연관된 그를 보호하려 한 조치가 아니었는지? 추정할 뿐이다. 다음 기록은

중국 단둥 봉황 성 관천에 선교사로 파견한다고 기록.
그리고 1924년~1928년 정읍교회 담임목사로 청빙을 받는다,
(이 기록은 정읍교회 측의 오보이다, 호남장로회 기록은 1932~36년으로 되어있다. 또한, 아들 차 박사의 신흥고보 재학 시기와 맞는다.)
나는 그의 기록을 찾기 위해 많은 기독교 사, 교회 사 및 여러 초창기 교회에 관계되는 논문과 기록을 찾아 헤맸다.

마침내~
전설이 된 이북교회 편에, 평북 철산군 참면 용산리에 1922년 창립된 용산 교회의 담임목사로 부임한다.
시기는 언급이 없으나 정읍교회 이후로 추정된다. 확인을 위해 집안 누님들께 문의, 차 박사네 가족이 정읍교회 후 어디로 가셨는지 들은 거 없어요?
응, 다시 평안도로 돌아갔다고 차 박사 여동생이 이야기하셨다, " 이북에서 목회자 생활이 어려워 가족들 고생이 심했다고~" 계속 백방으로 기록을 찾고자 했으나 그 후에는 기록이 없다.

어쨌든 이렇게 차학연, 형준 형제는 서북과 호남에서 서로 도우며, 민족의 새벽을 깨우는 비슷한 삶의 궤적을 그린다
불행하게도 상기 기록이 내가 찾은 전부이다.
좀 더 상세한 기록을 찾는 것은 그 직계 후손들의 몫으로 남기고~~
수년 전 자료를 수집 중, 둘째 외숙 집의 증언이 필요해 옥경누나

와 통화 중, "그래, 오래전에 차경섭 박사의 여동생 한 분이 미국서 귀국하여 아버지 차형준 목사의 발자취를 찾겠다고 하시어, 교단과 여러 곳을 고모할머니를 모시고 찾아다녔는데 별 기록을 찾지 못해 많이 안타까워하셨다.
이북서 유명한 목사였다며 기록을 찾지 못해 무척 가슴 아파하시며 미국으로 돌아가셨지,
우리 집은 외손인 네가 이걸 하려 하는구나! 누군가 후손 중 하나가 해야 할 일이었는데~~
광명 숙부네 나 우리 집도 6.25 바람에 힘들어져 살기 바빠~ 이 생각을 못 했구나, 내가 할아버지 댁에서 경북여고를 다녔는데도, 나도 삶에 쫓겨 생각을 못 했다.
차 박사네는, 딸이라도 하려 미국서도 왔는데~,
그러고 보니 외손이라도 이집 저집 많이 다닌 네가 많은 기억이 있으니, 할아버지가 너에게 현몽하시었는지 모른다?"
하나님은 때가 이르면 감쳐둔 일들을 열어 보이시는가? 보다.

나는 기독교가 개화기와 독립운동에 중심세력이 되었나? 하는 의문을 오래전부터 가졌다.
나름대로 의견도 있었지만, "불루의 뜨락"이라는 블로그의 선교사 편에서 잘 정리한 글이 있어, 독자들의 이해를 돕기 위해, 염치불구하고 옮긴다.

우리는 반기독교적인 일본의 지배를 받았기 때문에 한국에서의

민족주의는 기독교 신앙과 융합될 수 있었다.

일제에게 우리는 수탈을 경험했으나, 기독교는 우리에게 수혜자였다. 기독교 신앙은 반일적 국민의식의 정신적 기초를 제공하였고, 때로 그리스도인과 교회는 반일운동의 중심에 서기도 했다. 그래서 교회는 민족과 유리된 배타적 집단이 아니라 민족의 아픔과 고난의 동반자였다.

교사였던 존스(G. H. Jones)는
"기독교 신앙에 대한 실질적 집착보다 더 강력한 애국 충 군의 보루는 찾기 어렵다"라고 평가했을 만큼 서양인의 눈에도 이런 현실이 읽혀지고 있었다.

이런 역사적 상황에서 기독교와 민족주의는 결합 될 수 있었다. 그래서 한국에서는 '기독교적 민족주의'을 형성하게 된다. 김세윤(한국신학대학 원장으로 추정)은 이런 특수한 상황을 "기독교와 민족주의의 결혼"이라고 불렀다. 바로 이런 특수한 상황이 한국에서 기독교 수용을 보다 용이하게 했고, 일제 지배하에서도 기독교가 건재할 수 있는 힘이었다.

우리 역사에서의 일제의 현존은 기독교의 수용과 성장을 촉진하는 배후세력이었다.

나는 성경을 볼 때마다, 하나님은 대단한 전략가이시구나! 많이 느낀다. 우리에게 아무런 길이 없을 때, 바로 그때!
믿을 수 있는 은혜와 새 문물을 배울 수 있는 축복의 통로를 열어

주신다. 영과 육이 모두 살길로 우리를 인도하신다.

많은 기록은 찾지 못했지만 몇 줄의 기록이,

그는 어둠에 갇힌 이 땅의 민중을 깨우고, 독립운동가를 도우며 서북과 만주 벌판을 내달리는 수고를 아끼지 않은 선각자였다는 것을 웅변한다.

그 후손들은 아버지, 할아버지 몫까지 축복을 받는다.

하나님은 그의 노고를 크게 치하하신 것 아닐까?

치청준 목사 뒷줄 중앙 흰옷 입은 분(출처: 전음교회, 1935년경으로 추정)

그 축복을 차경섭 박사는 1998년 IMF 사태에 어려움에 빠진 국민에게 희망을 주기 위해 400억 상당의 개인재산을 차 병원과 의과대학 재단에 기증한다.

하지만 수년 전 최순실 국정농단 사건에 있어서 계열 병원인 차움 병원이 일부 연관돼, 국민과 여론의 의혹을 받아 안타깝기 그지없다.

우리의 삶에 있어서 가장 중요한 것은,

끝까지 하나님을 향한 올곧은 믿음과 그의 계명에 따라 사는 것으로 생각한다. 계속하여 차형준 목사의 하나님과 민족을 향한 헌신과 차경섭 박사의 창업정신이 그 재단과 후손에 계속되길 기도한다.

나는 조용히, 외갓집 친척이자 동지였던 차형준 목사와 차경섭 박사의 희생과 헌신에 경의를 표하며 모든 것을 허락하신 하나님께 감사기도를 드린다.

생전의 차경섭 박사(출처: Google)

10
1900년, 예수가 누구요?
– 양공윤 장로

친조부는 내가 7살 때에 돌아가셔서 별 기억이 없다.
전주 객사길, 집터가 무척 넓어 종이우산과 부채공장도 하시며, 장판, 벽지 등을 도소매 판매도 하신 기억이 있다.
어려서부터 일요일이면 온 가족이 함께 교회로 행진한 기억도~.
외가 이야기와 기록을 찾으니 곳곳에서 나의 조부 양공윤 장로가 나타난다. 아~ 내가 잊고 있었구나!
또 다른 선구자, 내 조부를 잊고 살았구나! 매우 죄송하다.
그분의 삶을 추적한다.

할아버지는 동학교도인 양 명언의 삼 형제 중 막내로 전남 영광군 묘량면 신천리에서 1894년 출생한다.
어려서는 서당에서 한학을 배우셨고, 가세는 약간의 토지가 있어

극빈자는 아니지만, 가난을 면키 어려웠다고~.

10여 세 즈음에 선교사의 포교현장을 만난다. (대략 1904~5년경) 아마도 호남선교를 처음으로 시작한 유진 벨 선교사의 일행이었을 것으로 추정한다.

(유진 벨 선교사는 미국 남 장로회 소속으로 1904년부터 영광, 광주지역에서 선교를 시작, 딸은 선교사 인톤과 결혼,

그는 신흥학교 교장으로 1937년 신사참배를 거부, 폐교를 감당한다. 세브란스 병원의 인 요한 의사가 손자. 4대째 한국에 헌신하는 가족이다)

아버지에게서 일본군의 서양 화포에 처참하게 무너진 동학교도의 이야기를 들은 소년은 파란 눈의 서양 선교사를 여느 아이들처럼 두려워하지 않고 호기심 가득한 눈으로 바라본다.

저들은 어찌 문물이 발달하여 무서운 화포도 있고~
이곳까지 와, 예수 이야기를 전하는가? 예수는 누구인가?

장터 전도 사진 (연대 미상이나 1900년 전후로 추정)

당시 구한말은 관리의 수탈과 가뭄, 홍수 등 민초의 삶은 죽지 못해 사는 형국이었다. 관리의 수탈과 고리채에 땅을 빼앗긴 농민은 남부여대하여 간도와 만주, 러시아 땅으로 이주하고~, 더욱이 청일전쟁, 러일전쟁이 내 땅에서 벌어지고, 외세와 신문물은 침략과 함께 물밀 듯이 밀려오고 조선은 아수라장, 바로 그것이었다. 세계정세, 흐름에 눈을 감은 지도층의 이기심과 어리석음이 강토와 민족을 나락으로 밀어낸 것이다.

12살 소년 공윤은 어렸지만, 더이상 한학만을 배워선 희망이 없음을 깨닫고, 서양문물에 대한 호기심으로 아버지가 돌아가시자 1906년경 대처 광주로 무작정 간다.

그리고 십자가가 보이는 집을 찾아가, 파란 눈의 선교사에게 "예수가 누구요?, 나에게 예수를 가르쳐 주시요!" 선교사는 눈이 휘둥그레 놀란다. 영민하게 생긴 소년이 제 발로 와, 예수를 가르쳐 달라니??
그날로 교회에서 성경을 배우며 온갖 일을 거든다.

그러다 1907년 광주 숭일학교가 4년제 보통학교와 2년제 고등과정으로 처음 문을 열자, 선교사에 신학문도 배우게 해달라고 청하여 숭일학교에 입학한다.
한학을 했기에 보통과정은 2년 만에 끝내고 고등과정으로 진급, 4년 만에 졸업을 한다. 아버지의 증언이다.
참 하나님은 어린 소년에게도 은혜를 나리시어, 그 암흑의 시대

에 제 발로 예수를 믿게 하시다니~,
그리고 평생을 하나님과 교회에 충성하게 하신다.

광주 숭일학교 초창기 사진(출처: Google)

17세쯤(1910년경) 숭일학교를 졸업한(숭일학교에 전화, 소실되어 초창기 졸업생 기록은 확인 불가) 그는 이미 일본에 합병 된 조선은 암흑이구나,
일본을 이기려면 일본을 배우자!
일본은 서양문물이 넘쳐난다는데~, 원수라도 가서 배우자!
무장투쟁도 좋지만, 우선 가난부터 벗어나야 한다!
지극히 현실적 생각을 하며, 선교사와 고향 선배의 도움으로 꿈을 안고 일본으로 간다.
17살 청년은 남다른 생각을 지닌 체, 하나님께 기도하며 관부 연락선에 몸을 싣는다.

일본에서 제법 규모가 있는 큰 상회에 취직한 그는 성실히 일하며 직물과 유통업을 배운다. 한편으론 봉급을 모아 금산 인삼을 가져다 오사카, 동경에 팔아 종잣돈을 만들어 간다.
난 이 이야기를 듣고
참, 상인 기질이 많으신 분이구나, 세상 흐름에 밝으셨구나! 그렇게 7년여 일본 생활을 끝내려고 상회 주인에게
"조선에 돌아가 제 상점을 열겠습니다."
"재고상품을 저에게 외상으로 주시면 다음 철에 팔아서 갚겠습니다." 얼마나 당돌한 제안인가?
조선인이지만 성실히 일한 그를 신뢰도 하고, 재고물건을 다 처리할 수가 있으니 밑지는 장사도 아니고 하니~
승낙할 수밖에 없지 않은가?

청년 공윤은 일본의 전년도 재고상품은 다음 해 조선에선 최신상품이라는 것을 그는 꿰뚫어 본 것이다.
재고품을 외상으로 싸게 사서~ 신상품 가격에 팔아, 갚으면 되니 기막힌 장사수완 아닌가?
1918년에 정읍의 중심지인 본정 통에 광영당이란 상호로(예수님께 영광을 바친다는 뜻으로 지었다 한다) 상점을 열어, 모든 직물과 신문물을 도소매로 유통하며 많은 돈을 벌어, 정읍에서 제일 큰 상회로 번창한다.
또한, 정읍교회에 출석하여 성심으로 섬긴다.

옛 조부의 가게 터, 光榮堂자리, 지금도 정읍 중앙동 시장 입구의 요지이다.

정읍교회 90년사는(1999년 발행)
1909년 정읍 상리에서 동지 수인이 회집하여 예배를 드린 것으로 시작, 앞에서 언급한 최중진 목사(후에 독립교회운동 주창)가 초대 당회장이 된다.
1918년 이후, 양공윤, 박상욱 등이 입교하여 교회는 더욱 부흥되었고 교인 수는 80여 명에 달하였다. 로 기록된다.
1922년 교회가 더욱 부흥하여 예배당 신축을 결의하고~ 중략.
1923년 집사 양공윤 씨가 예배당 건축비로 750원을 낸 일이 있사오며. (예장 전북노회 제23회 회의록)

이때 750원의 가치는 교회 전체 1년 헌금과 수입금을 웃도는 금액이었고, 정읍 읍내 땅 250평 정도를 매입할 수 있는 큰 가치인데, 이날까지 인도하여 주신 하나님 은혜에 감사한 마음으로 헌금한다. 정읍교회는 날로 번성하여, 나라를 잃은 백성, 많은 신도의 보금자리가 되어간다.

나는 성경 중에 창세기를 즐겨 읽는다. 인물 중심으로!

믿음의 조상은 어찌 살아, 축복을 받는가? 를 알고 싶어서다,

하나님을 향한 믿음이 있는 자요! 기쁨으로 감사하는 자요! 의를 행하는 자를 축복하시더라

조부 양공윤 장로 1930년대

1933년 양공윤, 박상욱이 장로가 되어 시무하였다. 로 기록한다. 그 후 외조부가 될 차경삼도 정읍교회로 출석, 1938년 집사로 이윽고 1940년 장로로 피택 된다. 나의 두 조부님이 이미 정읍 사회를 이끄는 파트너가 됐지만 같은 교회 장로로 나란히 서고 1949년 사돈이 되어 내가 세상에 나오게 된다.

또한, 차 장로의 넷째 딸, 광희 이모는 박 장로의 큰아들과 결혼하여 사돈이 되니 세 장로의 서로 간의 존경과 우의가 매우 돈독하였던 모양이다.

아니면 끼리끼리 다 해 먹으려 정략결혼을 한 건가? ㅎㅎ

그 건 아니다. 두 부부가 금술이 다 좋으셨으니 ㅋㅋ

전북노회는 1940년엔, 전북노회 총대 장로에 피택 되어 정읍지

역을 대표해서 평양과 서울 등 총대 노회에 나가 활동하였다. 로 기록한다.

당시는 중일전쟁이 한창이라 전쟁물자 공출과 배급제를 시행하여 민초의 삶은 피폐할 대로 피폐한 상황이었으며, 모든 민족적 사회운동도 엄격히 통제하던 시절이었다.
양공윤, 차경삼 장로는 일제의 눈을 피하고자 교회를 중심으로 활동한다.
또한, 동아일보는 1930년대 여러 기사에서

6.25후 지어진 정읍교회   지금의 정읍 제일교회

정읍 사회 발전을 위해 차경삼 의사와 함께 많은 육영사업에 동참한 것을 기록한다. 아버지 증언에 의하면,
사업차 일본에 자주 다니셨기에 대외적인 직함 없이,
외조부 차경삼을 도와 조용히 후원하는 일만 했고 나머진 교회 일에 전념하셨다 한다.
1930년대 한반도는 가뭄과 홍수, 흉년과 일제의 수탈까지 겹쳐 민초의 삶은 말할 수 없이 궁핍, 양공윤, 차경삼과 정읍 유지들은 가산을 쾌척, 민초와 고통을 나누는 여러 선행이 기록된다. 선각자들은 다음 세대에 희망을 걸고 유지들은 교육 후원에 매진한다.

1939년 동아일보사 정읍지국 고문으로 조부 두 분이 나란히 선다. 아버지가 정년퇴직 후, 교육감의 추천으로 재단 분규가 있었던 정읍 동신 여상 교장(1989~1993)으로 재직 시, 당신도 모르는 많은 분이 찾아와 선친에게 감사하다는 인사를 대신 받았다 하며 그제야 아~ 아버님이 왼손이 하는 일을 오른손이 모르게 하라는

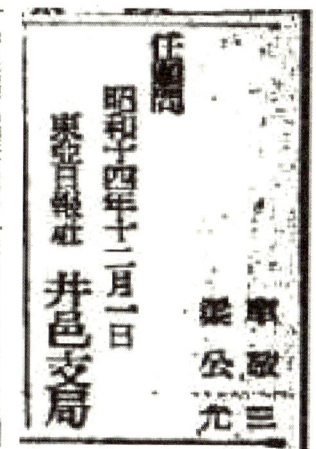

정읍 유아원, 보통학교 후원회 설립 기사

계명을 실천한 삶을 사셨구나!

나 역시 그런 사건이 있다.
대학 동기와 같이 2차 창업을 하여 인도에 Plant, 남아공에 대형 수출 건도 수주하여 인력이 많이 필요, 정읍 농공고 졸업반 학생 4명이 실습생으로 내 공장에 왔고, 그들의 졸업식에 축하차 정읍 농공고를 방문, 브라스밴드의 힘찬 주악에 맞춰 식이 끝나고, 학생들을 만나 축하를 한 후~ 교장실로 인사차 들렀다. 인사를 드린 후, 제가 양영옥 교장의 큰아들입니다. 아버님 안부를 전합니다. 하자 대뜸

 "그럼 자네가 양공윤 장로의 장손인가?"
네 그렇습니다만~ 제 조부님을 아십니까?
잠깐 날 물끄러미 바라보다,
"알다마다. 이렇게 그분의 장손을 만날 줄이야.~"
그때가?? 잠시 옛 기억을 더듬는듯하다.
"내가 보통학교 졸업반 정도였을 거야,
자네 조부가 돈을 아주 많이 버셨지!
만주사변 즈음이라 일본 놈들이 전쟁준비에 혈안이 되어 공출이 시작됐고 자네 조부에게 큰돈을 헌납하라 압력도 있다
소문이 돌았지….
자네 조부는 정읍 농고에 강당을 지을 돈과 브라스밴드를 만들 악기를 다 희사하여, 밴드부가 정읍 읍내를 돌고 읍내 꼬마들과 학생들은 신기해하며 따라다닌 축제의 날이었지,

그때 난, 정읍교회 양 장로가 누군가?
나도 그 어른처럼 돈을 많이 벌어 좋은 데 써야지
다짐하며 신이 나서 따라 다녔네.
그럼 오늘 그 밴드부가 그때 만들어진 겁니까?
"그렇지~"
"내가 교사생활을 한 후에야 자네 조부가 참 현명한 어른이었음을 깨달았지" 돈 벌었다고 소문은 나고,
당시는 비행기 헌납운동을 강요하던 때라 일본 놈들에게 돈은 안 낼 수 없으니, 학교에 희사하여 강당 짓고, 악기값도 기부하여 창단된 밴드부가 축제까지 벌였으니,
소년들은 꿈을 꾸고, 정읍에 소문은 크게 다 났으니~,
일제는 돈 바쳐라! 할 수도 없고" (야~ 신의 한 수다!)
"나 학교에 돈 다 내 부렸다, 너희들 무기 만들라고 줄 돈 없다! 로 딩동~ 댕
그분의 손자도 이렇게 만나고 참 반갑네!"
아~ 아버님은? 그제야 아버지 생삭이 나섰는시~
네, 아직 씩씩하십니다.
학교를 나가는 하늘에 할아버지 얼굴이 떠 있는 듯하다.
야 손자야! 나 짱이지? 예 당신은 쨩~ 이십니다.
얼마 지나 만주사변이 시작되고, 이미 일제의 미움도 받았고,
전쟁한다며 공출은 무지막지하게 집행되고, 더욱이 주요 생필품은 배급제가 되어 더이상 사업을 할 때가 아니다 하시어,
400석 지기 전답과 과수원을 운영하시면서 교회 일에 전념하며

조국의 해방을 기다린다.

해방 후, 정읍을 정리하고 미리 사 두었던, 지금은 객사 길이 된 전주시 완산구 고사동으로 이주하는데 여기에 재미있는 이야기가~,

장남인 아버지가 보성전문 상학과 학생 때, 할아버지가 사 놓은 전주 집을 보러 가자 하시어~

지금은 전국적으로 유명한 객사 길이지만 당시는 본정이라 불렸던 중앙동 길에 비하면 상권이 많이 떨어지는 자리였다.

아버지, 자금도 충분하실 터인데 혼 마치(현 중앙동) 땅을 사시지 왜 이쪽을~?

혼 마치 길은 앞뒤가 막혀서 더 번성을 못 한다.

허나, 고사동 길은 남북으로 열려 전주가 더 번성하면 이 길이 상

정읍 농고(현 정읍제일고) 전경, 학교명이 격변의 세월과 시대 말한다.

권의 중심이 된다. 책벌레였던 아버진 무슨 뜻인질 몰랐단다. 그 뒤 40년이 지나,
시내에 동서 관통 도로가 생기자 번화했던 중앙동 길은 급격히 쇠락하고 집 앞, 남문과 북문을 잇는 고사동 객사 길은 상업중심지로 전주의 명동이 된다. 우리가 흔히 말하는 도사, 귀신은 앞을 정확히 짚는 사람에게 쓰는 단어가 아닌가?
난 그 얘기를 듣고 도사, 귀신이 따로 없구나!
할아버지의 혜안과 밝은 이재의 눈에 감탄만 했다.

1948년 신앙 노선이 같은 정자옥 양복점을 하시던 정연수 장로 내외, 후에 사돈이 될 외갓집 고모할머니 차영민 집사 내외 등과 같이 여덟 분이 전주 신흥교회를 창립한다.
또 내 친가와 외가가 대형 합작 사업을 하는 것이다.

1936~7년경, 중앙이 조부 양공윤 장로, 아래 소년이 아버지 중 1년 때. 오른쪽은 시인 김현승 부인과 친지의 아이들

둘째 광자 이모와 이모부 김성배 전주사범학교 음악 교사
(동경 예술전문 졸) 가 동참하여 성가대를 조직, 지휘한다.
사돈도 되고 인연을 질기게 이어가는 걸 보니 서로의 평판이 괜찮았던 모양이다. ㅎ ㅎ

신흥교회 임병환 장로는 2001년 출간된, 신흥교회 사에 조부 양공윤 장로, 차경삼의 누님 차영민 집사 행적을 꼼꼼히 기록한다.~
전략,
경제적인 부도 누릴 수 있게 되어, 물심양면으로 교회에 봉사하였다. 이러한 모든 일을 하나님의 축복으로 생각하고 항상 감사 생활을 하였으며 "주는 것이 받는 것보다 낫다."
"지극히 작은 자 하나에 한 것이 곧 나에게 한 것"이라는 하나님 말씀을 생각하며 성탄절에는 백미 15가마를 어려운 이웃과 교인들에게 나누어 주어 많은 사람이 존경하였다.

그가 받은 축복을 그만의 것으로 생각하지 않고 항상 나눔의 생활을 하였다고 한다. 양 장로는 육영사업에도 관심이 많아 정읍 농고에 많은 돈을 기부하였으며,
양 장로의 베푸는 삶을 지금까지 잊지 않고 있는 분이 많이 있다고 한다. 한국전쟁 이후 시무장로로 신흥 제단을 받들며 주일 낮에는 전 교인에게 주일 공과를 가르쳤다. 양 장로는 혈압으로 쓰러져 1956년 7월 5일 63세로 소천 하신다.
그 날을 어린 나는 기억한다. 초등학교 1학년 때 일이니~

할아버지가 돌아가셔서, 난 집 모퉁이에 홀로 숨어서 울고 있었다. 신흥교회 목사님과 교인이 집 마당 가득 이였다.

"며칠 후 며칠 후 요단강 건너가 만나리.~"

그 찬송가 소리는 어쩐 일인지 지금도 어제 일처럼 또렷하다.

그렇게 그는 소리 없이 민족의 새벽을 깨우기 위해 동분서주한 삶을 살다 소천을 한다.

전주 신흥교회는 하나님 은혜로 꾸준히 성장하며, 1950년대 초창기 장로들과 후손들의 3~4대에 걸친 헌신으로 아름다운 교회로 잘 지켜지고 있다.

70년 세월을 건너뛰어, 나는 신실하신 하나님께 그저 감사기도를 드린다.

할아버지에 대한 기억은 내가 어려서 돌아가셨기에 많지 않으나, 부모님과 어려서부터 같은 교회를 다녔던 이모들의 이야기를 들으면 성품이 대쪽 같고, 만사를 명확히 처리하신듯하다. 정의감도 많으셔서 불의를 참지 못하시어 소인배 눈에는 과격함으로 보였을 것이고, 목사나 당회의 처리가 못마땅하시면 획 돌아앉으셔서 못마땅한 의사 표현도 하시고~

이모들은 "아따~ 양 장로, 네 할아버지 성격 대단하셨다. 하지만 그 시절에 그런 지도력 없으면 교회가 제대로 못 갔다! 다른 면에선 흠이 없었으니 모두가 꼼짝 못 했지~"

조부 두 분은 많은 면에서 다른 삶의 궤적을 그렸다.

신앙도 친가는 자수성가형이고 외가는 아버지로부터 받았고 양 장로는 사업과 교회에만 전력을 쏟을 때,
차 장로는 의사이면서도 사회적, 정치적 탁견도 높아 사회 지도자로서 기꺼이 앞장서 나갔다.
하지만 두 분은 각기 다른 면, 다른 생각을 서로 존경했고, 우의를 나누며 민족과 지역, 교회를 위한 일엔 서로 평생을
앞서거니 뒤서거니 하며 동지가 되었다.

할아버지는 당신의 마지막이 다가오고 있음을 알고 어머니를 혼자만 부르신다. "네 시어미는 교육을 못 받았고, 갑수 아비는 백면서생이니 내가 믿고 눈 감을 사람이 너뿐이구나,
널 어려서부터 눈여겨봤고 고등교육도 받았으니~ "
하시며 적지 않은 돈을 넘겨주시더란다.
시동생들이 아직 어리니, 교육과 혼사를 너에게 부탁하신다 하며 ~. 어머니는 그 돈과 당신의 친정아버지가 시집올 때 주신 약간의 가산도 정리, 종잣돈을 만들어 믿을만한 동창생과 지인들 중심으로 계도 만들고, 돈놀이도 하시며 불려 나가, 안채와 바깥채를 새로 짓고 그 집세로 삼촌들과 우리 형제는, 그 어려웠던 시기에 별 고생 없이 서울에서 대학도 마치고 사회에 진출하여, 모두 독립 가능토록 후원하였다.
그렇게 할아버지는 당신의 사후의 어려움을 예견하여 가장
지혜로운 자를 택하여 준비하도록 하셨고,
어머닌 기대에 어긋남 없이 현명하게 시아버지의 뜻을 받든다

두 분의 지혜로움에 다시 감사할 따름이다.
나는 다시 옷깃을 여민다.

더이상 피폐할 것도 없던 조선 땅에서 서양인 선교사를 보면 도망가던 시절에 12살 소년은 스스로 제 발로 찾아가 예수님을 가르쳐 달라고 떼를 써,
성경과 신학문을 배워 스스로 자립, 자강, 자존의 살길을 찾는다.
주신 은혜에 감사해서 평생을 하나님 말씀을 지키며, 충성을 다하고 하늘에 오른다.
돌아가신 지 60년이 넘었고, 이제야 알게 된 헌신적인 그의 삶 앞에서 고백한다.

"할아버지 사랑합니다, 감사합니다.
　　　　그 험악한 세월을 잘 살아내셨습니다"

11
1950년, 처참한 순국!
차영민 전북 부인회장

차영민은 1890년 증조부 차학연의 딸로 태어난다.
즉, 이 기록의 주인공인 차경삼의 누님이시다.
남매뿐이어서 두 분의 정은 각별했다 한다.
나도 누님이 없이 자라, 큰 외숙 집의 주옥 누나를 무척 따르곤 했는데, 예쁘고 노래를 잘 한 누님은 당시 KBS 어린이 합창단원이라 방송국과 가까운 우리 집에 들러, 나와 놀아주곤 하였다. 합창제가 있을 땐, "내 누나가 합창단이야, 구경 가자"라며 친구들에게 자랑삼아 얘기한 기억이 지금도 생생하다. 한참 후 큰 외숙 집이 서울로 이사를 하게 되어,
어머니는 누나를 불러 저녁을 같이 먹게 했는데 돌아가는 누나를 배웅하며, 사라질 때까지 바라본 아픈 기억도~

두 분 남매는 오죽하였겠는가?

남매는 매서운 평안도의 겨울바람을 맞으며 손을 맞잡고 용암포 보통학교를 마친다. 아버지 손에 이끌려 망국의 길로 치닫던 1903년에 경성 연동 여중(정신여고의 전신)에 입학한다.

"네가 먼저 깨우치고, 이 땅의 여성과 민족을 깨치라" 아버지 차학연 장로의 당부를 평생 가슴에 새기게 된다.

1907년 정신고녀 1회로 신학문을 마친 후 고향에 돌아와 명신 학교 교사로 아버지를 도운, 누나 영민은 동생에게 얼마나 긍정적인 영향을 미쳤는가? 나라가 망하는 참담한 현실과 새로운 세상을 열어야 하는 사명감을 소년 경삼에게 전한다.

외할아버지가 전주에 오시면 온 가족을 데리고 다가산 변에 있는 당신 누님의 순국기념비를 찾아 비장한 모습으로 참배하시던 기억이 있다. 항상 자애롭고 따뜻한 미소를 짓던 그가,
비통과 비장함으로 가득 찬 모습을 본 것은 처음이었다.
또 부산서 사시던 광자, 광희 이모도 내 어머니와 함께 고모 차영민의 유족인 광호 삼촌 집에 가시곤 하며 소녀 시절의 추억을 나누곤 한다. 어머니는 고모의 처참한 순국을 그리 안타까워하시며 눈시울을 붉히곤 하셨다.

몇 년 전 드라마, 이 병헌, 김태리가 주연한 "Mr. 션 샤인"에 망해가는 나라를 붙잡고 몸부림치는 선열들의 모습이 잘 묘사된다. 바로 우리 조부들의 모습이다.

나는 그 드라마에서 신학문을 배우러 여학당에 가는 소녀들에게서 고모할머니 모습을 본다.
저리 꿈을 안고, 영어 단어를 암송하며 다니셨겠구나!
그저 눈시울이 붉어진다.

내가 태어난 해에, 그분은 가셨기에 아무런 기억이 없다.
비명에 가신 그분의 기록을 찾아 나는 또 헤맨다.
첫 번째, NAVER 기록은,
한국부인회는 1920년 대한 애국부인회로 발족,
1945년 박 마리아회장을 전국초대회장으로 선출한 뒤
1948년 전북 초대회장으로 차영민 회장이 선출된다. 로
되어있다. 당시 대한부인회는 정통성을 인정받는 전국 최고의 여성단체였고 전북은 농경 중심의 사회 때까지는 인구도 많고 가장 부유한 지역이었다.
조선 시대는 조세수입의 40%가 전라 부에서 나왔다 한다.
그러니 예술과 문화, 교육, 음식이 융성한 지역 아닌가?
안타깝게도 산업화에 뒤져, 지금은 낙후된 지역이 되어있다.

두 번째는 전북 일보는 전북 여성 인물사 창간특집에서 전북지역에 내놓을만한 여성 인물이 있는가.
전북지역 대부분 여성이 자신의 이름으로 살기보다는 누구의 아내, 누구의 어머니로 살아왔던 것이 아닐까?
~ 중략.

전북 태생이거나 태생이 이곳이 아니더라도 이 지역에서 두드러진 활동을 펼쳤던 여성들을 망라해서 짚으려 한다.
정치 분야는 중앙대의 설립자이고 초대 상공부 장관과 국회의원을 역임한 임영신, 행정 분야~ 중략.
여성 사회활동은 여성단체 활동이 큰 흐름을 이룬다.
활동가로 한국부인회장을 지낸 차영민을 빼놓을 수가 없고
~ 중략.
아~ 많은 기록이 있구나, 난 기뻐 밤을 도와 여기저기 마구 뒤진다.
드디어 전북 일보에서 대한애국부인회 차영민 초대회장 편에서 소상한 그의 기록을 찾는다.
1996년 6.17일에 전북 일보는 "전북을 빛낸 여성들" 이란 특집기사에 차영민 편을 싣는다.
독립촉성 애국부인회 회장이자 대한부인회 초대회장으로 문맹퇴치 등 맹활약을 벌였던 차영민은 지도자의 참모습을 보여준 여성으로 귀감이 되고 있다.
자신을 버리면서까지 자신을 아끼든 사람들을 아끼든 차영민의 정신은, 그러나 안타깝게도 그를 기억하는 한국부인회 후배들도 부인회를 떠나고 차영민의 후손들도 연락이 닿지 않아 후배 여성들에게 잊혀가고 있다.
차영민은 1890년 평북 용천에서 출생해서 서울 정신여숙 1회 졸업한 뒤 고향에 돌아가 줄곧 교회에서 일을 보면서 교직에 종사하다가 평북 선천 출신인 김 영길과 결혼했다.

34세에(1920년 중반경) 전북 전주에 미리 월남하여 목회일 보고 있던 부친의 권유로 남편과 함께 월남하여~

~ 중략.

남편 김 영길은 해방이 되자 전주에서 독립촉성회 조직부장과 서북청년단 전북 지단장을 역임했고, 당시 전주 완산교회 집사로서 차영민도 1946년 여성단체인 독립촉성애국부인회가 발족하자 이 부인회에 나갔다.

인품이 훌륭하고 열의가 대단해 부인회원 모두 차영민을 존경하게 되고 따라서 초대회장으로 추대됐다.

차 영민 여사, 당신 어머니를 많이 닮으셨다. 1948년경

회장이 된 차영민은 부회장, 총무 및 열성 회원들과 함께 도내 3시 14개 군을 밤낮으로 돌아다니며 부인회를 조직하여 여성계몽과 자질향상에 밑거름 역할을 하였다.

한글을 모르는 여성에게 우리글을 가르쳤고 귀환해온 동포들에게 그들이 정착할 수 있는 터전을 마련해주는데 끼니를 거르면서까지 매일 동분서주하였다.

남편 또한 귀환동포 원호회장직을 맡아서 자신이 운영하던 약방을 돌보지 못할 정도로 부부가 함께 새벽부터 밤늦게까지 뛰어다니는 통에 가정경제는 말이 아니었다.

차영민은 1949년 봄 독립촉성애국부인회가 해체되고 대한부인

회가 생긴 이후에도 전북도 본부의 초대회장을 맡았다.

6.25 사변 이틀 뒤인 1950년 6월 27일 대한애국부인회 총회가 있는 날, 25일 새벽 등화관제가 있었고 무언가 석연찮은 어수선한 시국인데도 미리 예정된 행사였으므로, 차영민은 전북 도내 시군회장 등 26명을 인솔하고 26일 아침 서울행 열차에 몸을 실었다. 20여 시간이나 걸려 27일 새벽에야 서울역에 도착했다.
서울YMCA 회관에 있는 총본부 사무실에 도착했을 때는
"각 역마다 총회 연기를 알렸는데 연락을 못 받았냐?" 며 깜짝 놀랐다.

차영민 등은 서로 흩어지지 않기 위해 허리에 끈을 맨 채 아귀다툼의 틈새에 끼여 이리 역에 도착했다. 이때는 이미 한강 다리가 끊겼던 때. 이로부터 20일 뒤 북한군은 전주에 내려와 먼저 차영민 내외를 잡으려고 혈안이 돼 있었다.
차영민은 7월 17일 정읍으로 향했고, 이렇게 나라를 위해 봉사하겠다고 나선 부인회원들은 각자의 처지대로 몸을 숨겨야했다.
~ 중략.
거의 정읍에 닿을 무렵은 이미 북한군들이 그곳을 점령한 뒤였다. 차영민 가족은 다시 전주로 돌아와 중화산동 산기

슭 오두막집 골방에 숨어 있었으나 곧 정치 보위대에 그들의 존재가 알려졌다.

북한군은 이들 부부에게 보자기를 씌워 정강이를 후려치면서 단체 간부들의 이름을 밝히라고 갖은 고문을 했다.

차영민은 남편 앞에서 견딜 수 없는 고문을 받으면서도 목숨을 내놓고 한사코 이름을 밝히지 않고 스스로 모든 죄를 짊어질 각오로 침묵으로 일관하다가 정치 보위대에서 전주
형무소로 옮겨졌다.

이미 부인회 간부들은 형무소에 들어가 있었던 상태,
차영민은 형무소 작업장에서 이들과 마주쳤을 때도 이들의 안전을 위해 모른 체했다. 감옥 생활에서도 뼈를 깎는 듯한 모진 고문 속에서도 꿋꿋이 버티던 차영민과 김 영길은 결국 처참한 시체로 팽겨진 채 발견됐다.

이러한 차영민의 장엄한 죽음을 길이 후세에 남기기 위해 대한부인회 전북 회원들은 푼돈을 모아 1951년 10월 26일 전주시 다가공원에 순국기념비를 세운다.

부부는 같이 체포된 동지를 구하기 위해 죽기까지 입을 다문다. 모진 고문을 당하면서도~.

내가 70년 세월을 건너뛰어 돌아본 순국기념비 뒷면에는

민족의 혼 차영민 여사!

어두운 밤 빛나는 뭇별 속에서도 가장 휘황하게 비쳐주신 별이 있노라, 단란한 가정의 어머니요 아낙이었고 나아가선 조국이 자랑할 수 있는 으뜸가는 대한의 딸이었노라

단기 4222년 10월 9일 평안북도 용천에서 태어나신 후 이 나라가 제대로 복되지 못하자, 살과 뼈를 갈고 부셔가며 애국부인회장, 대한부인회장, 적십자사 조직위원 및 부 지사장, 국민회의 청년단, 여자 경찰 등의 고문,

그 밖의 많은 어려운 일을 맡으사 영일 없는 눈부신 활약이 있었나이다. 단기 4283년 9월 26일 4남 1녀를 남기시고 수천 여성의 생명을 해산하여 전주 형무소에서 부군과 더불어 도라가셨나이다. 아! 차영민 여사는 우리들 머리 위에 영원히 살고 계시나이다. 단기 4284년 10월 25일 건립.

전주천 변에 있는 차영민 여사 순국 기념비
세월이 흘러 돌보는 이 없이, 쇠락한 모습으로 서 있다.

또 앞면 하단은

가시길 걸으며 살던 대한의 딸로서 한 생길 오롯 바치기만 하는, 오 오 하나의 위대한 발자취 있어 온 누리에 뚜렷히 꽃피어 빛나오니, 님은 끝에 나라와 우리 옆을 불 켜 들고 비춰가며 가셨네.

또 전북 일보는 차영민 기사 뒷이야기 편에 내 어머니의 증언을 싣고 있다.
차영민(1890~1950, 전북 일보 6월 17일에 게재)에 관한 기사를 보고
차영민의 조카임을 밝힌 차 광혜 씨(76, 전 전주신흥고 교장 양영옥 씨가 남편)의 연락을 받고 그를 전주시 완산구 고사동의 자택에서 만났다.
기자를 보자마자 차 씨는 "고모가 너무 비참하게 돌아가셔서…." 라고 울먹이며 말을 잇지 못했다. 차영민은 남동생 한 명이 있는데, 차 광혜 씨는 그 남동생의 딸로서 아버지 차경삼은 정읍에서 정읍병원을 운영했다고 한다.
차 씨가 전주고녀를 다닐 때 고모 차영민은 고모부(당시 전주 남문 밖에서 중앙약방을 운영, 나중에 고사동으로 이전, 약사)와 전주에 살았는데,
차 씨가 일본학교를 들어갔다고 나무라면서 그래도 한국 사람으로서 정신 똑바로 차리고 다녀야 한다고 말하곤 했단다.
앞서 언급했지만, 전주 고녀는 일본인 관리의 딸들이 주로 다니던 학교였고 한 학년 60명에 조선인은 5명만 입학을 시킨다, 학

교 제반 시설은 당시엔 호남의 으뜸이어서 질시의 대상이었다.
해방 후에 전주 여중이 되고, 평준화로 사라진다.
전북고녀는 한국인 학교였고 해방 후에 전주여고가 된다.

차 씨가 결혼 후 시댁 또한 고사동 중앙약방 근처여서 고모와 더욱 가까이 지냈는데, 인정이 많았고 거리에서 강연하고 다닐 정도로 똑똑했으며 활발하게 사회활동을 했다고 기억한다. ~ 중략.
"시체가 형무소 밖에 내방개쳐 졌는데, 어떻게 고문을 당했던지 고모 얼굴 한쪽은 삽으로 베어졌더래요,
고모부 몸은 안 맞은 곳이 없을 정도였다는군요"
눈시울을 붉히던 차 씨는 고모의 가족과는 1995년 당시만 해도 남노송동에서 중앙약방을 하던 사촌과는 연락이 닿았으나 현재는 생사도 모르고, 다른 가족과도 연락이 끊겼다고 들려줬다.
"지금도 전주 다가공원에 세워져 있는 기념비를 찾아봅니다
자신도 심한 당뇨로 몸이 편치 않아 자신이 죽으면 고모 기념비조차 돌아볼 사람이 없을 것을 차 씨는 염려하였다."
로 끝난다. 어머니가 돌아가신 후론 내가 가끔씩 둘러보며 고인을 기린다.

또 전주 신흥교회 53년사(2001년 발행)에는
차영민 집사를 내 조부 양공윤 장로와 함께 창립 교인으로 기록하고 있다.
신흥교회 설립자인 양공윤 장로의 자부인 차 광혜 권사의 고모인

차영민 집사는 완산교회를 1948년까지 섬기다가 신흥교회를 설립한 8명 중 한 사람이다. 로 시작되며 앞에서 말한 중복된 내용은 빼고 새로운 중요 사실만을 발췌하면,

차 집사는 용암포 보통학교를 나와 서울 정신여숙에 입학하여 1회 졸업생이 되었다.

(이렇게 보통학교까지 언급한 것으로 보아 순국 전에 교인들과 활발한 교류가 있어 소상한 이야기가 증언된 것으로 미루어 짐작한다.)

차 집사 부부는 북한군에 의해 전주 형무소로 옮겨진 후에도 다른 간부들은 살리고 자신은 죽을 각오를 하고 끝까지 간부들의 이름을 말하지 않았다고 한다.

추석을 앞두고 부인회 간부들은 석방되었으나 차 집사부부는 갖은 고문에 의하여 신흥교회를 설립한 지 2년여 만에 제대로 꿈을 펼치지 못하고 처절한 죽임을 당하였으니 울분과 안타까움을 금할 수 없었다.

차 집사는 신흥교회와 전북 여성계의 한 알의 밀알이 되어 낳은 열매를 맺게 되었으나 당시는 엄청난 손실이었다.

1951년 10월 26일에는 차 집사의 장거한 죽음을 후세에 길이 남기기 위해 대한부인회 전북 회원들이 푼돈을 모아 순국 기념비를 세웠다.

이날 제막식에는 부인회원들과 수많은 전주시민 각계각층의 인사 200여 명이 추모예배를 드렸다.

(전북 일보 1995년 7월 24일, 31일, 차 광혜 권사의 증언)

나의 어린 기억에도 광호 삼촌의 약방은 우리 집과 아주 가까이 있었고, 내 동갑의 남동생과 2살 밑인 여동생이 있었던 거로 기억하나 지금은 소식을 알 길이 없다.

또한, 전주 부근 어딘가에서 농사를 짓고 있다는 막내 삼촌이 하나 더 있었는데, 술만 취하면 우리 집에 온다.

누님 누님 하며 어머니를 찾아 밤늦도록 당신 어머니를 그리워하는 이야길 하고 가곤 했다. 그 푸념을 어머닌 다 들어 주시며 위로도 하고~, 술 냄새가 역겨운 어린 나는 어머니에게 저 삼촌은 술만 취하면 우리 집에 오는데 왜 그래요? 하고 묻자 어머닌 "그럴 사정이 있단다. 머리가 좋아 경기중학교에 다녔는데 고모 내외가 인민군에 학살당한 충격으로 학교도 중퇴하고 저리 술타령만 하고 산다, 참 안쓰럽다."

그리고 그 숙모가 가끔씩 우리 집에 들러 곡식과 채소 등을 가져오면 값을 넉넉히 쳐주시며 "우리 집은 식구가 많으니 얼마든지 가지고 오라, 자네가 참 고생 많다,
고모님만 살아 계셨으면 크게 될 사람이 저 모양이다"
어머닌 당신이 존경했던 고모의 유족들을 당신 일처럼 가슴 아파하셨다. 한참 후, 내가 중학에 다닐 즈음에 술에 취해 횡사했다는 소식을 듣는다.

아~ 하나님! 하늘에서는 그녀를 축복하시리라 믿습니다!

차영민 여사는 아버지의 당부대로 먼저 깨우치고, 여성과 민족을

깨우치기 위해 스스로 횃불이 되어 활활 타오르며,

온몸을 던져 내 민족이 무지와 암흑에서 깨어나 하나님 뜻에 합당한 복된 나라를 만들고자 민족의 새벽을 깨우는 삶을 살다, 부군과 함께 많은 동지를 살리기 위해 모진 고문을 당하면서도 끝까지 입을 다물다 애통하게 순국을 한다.

직계 후손들과 연락도 끊기고 그의 숭고한 희생도, 이상도 잊힌 채 그녀의 순국 기념비마저 쇠락한 모습으로 이젠 초라하게 전주 다가공원 천변에 서 있다.

나는 보훈처에 그 순국 기념비를 국가 보훈시설로 지정하여 보수, 관리를 요청하였으나, 앞뒤 상황과 역사 기록은 고려치 않고, 시민단체가 세운 비라 지정할 수 없다는?

관리적 사고에 찌든 답변만 받는다.

하지만 하나님은 죽음으로 충성한 당신 딸을 기억하실 줄 믿는다. 임병환 장로는 왕고모님의 기록을 수정, 보완하여 신흥교회 70년 역사에 기록한다.

순국 기념비 앞에선 친가, 외가 가족들. (1969년 겨울)

친 외가 가족들. 내 나라가 복되지 못할 때, 1920년~1947년까지 두 집안은 함께 정읍교회에 출석, 전주로 이주 후에도 함께 전주 신흥교회를 창립한다.

중앙이 외조부 차경삼(당시 77세), 왼쪽이 차 여사 아들 김광호, 친 외가가 함께 참배. 누님을 기리는 외조부의 모습이 비통하다.

12
1948년,
제헌 정부 관리가 되다.

빼앗긴 산하에 해방은 왔건만 혼돈도 같이 왔다.
앞에서 말한 것처럼 차경삼은 여느 독립운동 계열보다도 이승만 계열과 꾸준히 교류해 왔다. 역사적 사실을 보면 이 박사는 정치적으로나 민족 지도자로서 공로도 있지만, 흠결도 많은 분이라 나는 판단 한다,

1940년대, 차경삼 장로

어찌 이 박사를~

그 이유를 손자인 내가 소상히 알 리는 없지만 나름 추정해 보면, 먼저 성품상 차경삼은 전혀 권위적, 고압적, 폭력적인 그것과는 거리가 멀고, 민주적 기풍이 높으신 분이다.

이모들과 어머니, 외숙들 모두가 같은 생각이셨다.

앞에서 말한 여러 기록을 꼼꼼히 읽어 보면, 일 처리도 토론으로 합리적 결정을 내렸고 항상 구체적 방책을 중히 여기신 경세가 적이요, 긴 안목을 가진 전략가이다.

또한, 무장투쟁보다는 민족계몽을 통한 경제적 자립과 외교적 방법을 중심으로 독립을 쟁취하고자 하는 생각 등, 많은 면에서 이 박사 생각과 비슷하신 거로 짐작한다. 그래서인지 그는 촉성 회에 참여하며 혼돈시대에 정읍 사회를 이끈다.

이 치백(전북 향토문화 연구회장, 언론인)은

당시 한민당과 독립촉성국민 회는 각 지역마다 대체로 그 사람이 그 사람이었다. 두 정당 단체가 이승만 박사를 영수로 추대했기 때문이다.

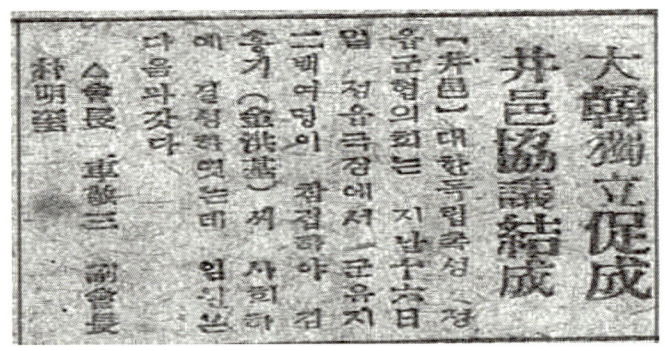

전주에 배 은희 김 덕배, 정읍에 차경삼, 은 성하, 김 홍기를~ 로 기록한다.

그리고 전술한 대로 차경삼은 1946년 최초의 대형 정치집회인 정읍 국민대회를 후원하여, 남한만이라도 단독정부를 만들자는 이 박사의 정읍 발언이 나오게 된다.

어느 것이 옳으냐? 는 정치 평론가의 몫이고, 어쨌든 남한 정국은 그의 구상대로 흘러가,

1948년 제헌국회에서 이승만은 초대 대통령으로 선출된다.

난 외조부의 미래를 보는 정치적 탁견과 혜안에 놀란다. 의사가 정치가로? 그 건 아니다. 그 후를 보면~

당시에 큰아들, 광명은 1941년 봄에 세브란스 의전을 졸업하고, 고향에 돌아와 신태인읍에서 개원하여 아버지를 도울 수 있으며, 자녀들도 고녀와 대학을 졸업, 결혼도 여럿 시켰으니 심적 여유가 있었을 것이고, 나이도 황혼에 들어서니 (55세) 인생을 잘 매듭

1940년경 차광명 내외와 친구들, 중절모 쓴 이

짓고자 하는 고뇌도 많이 있었을 것이다. 혼란을 빨리 극복해야 한다는 엘리트로서의 시대적 사명감이 있기에 혼란의 와중에 뛰어든 것이 아닐까? 미루어 본다.

차경삼은 이 박사에 의해 초대 내각의 보사부 장관으로 내정된다. 그러나 곧 한민당으로부터 당 살림이 어려워 쌀 천석 값의 헌금을~~, 그는 단호히 거절한다,
난 크리스천이요 매관매직은 안 합니다!
그럴 돈 없소! 대통령께 전하시오!
각하께서 차 의사를 참 아끼십니다.
얼마 후에, 비서로부터 "각하께서 재주도, 돈도 많은 사람이 멀그리~ 하시며, 아까워하십니다."
"그럼 경남지사를 맡아 주시지요? 500석 정도를~ "???
나 안 한다니까.
그러니 한 푼도 못 받고 준 관직이 전북 산업국장을 잠시 거쳐, 경북 문교사회국장이다. (후에 교육감으로 직제 변화됨)

그래도 끝까지 챙긴 걸 보면 아끼긴 아낀 모양이다. ㅋㅋ
물론 집안에 전해진 얘기니 어디까지가 사실인지는 나는 모른다.
하지만 정읍 사회에 입각한다, 소문도 났고 어머니로부터 이 이야길 들으며, 제헌 정부가 썩어도 그리 썩었는지?
그러니 민족은 고통에서 헤어나지 못하고 본인의 말로도, 평가도 좋을 수가 없구나! 하는 상념도 해본다.

1946~7년경, 이 박사와 부인 프란체스카 여사-한복을 즐겨 입었다.

1974년 봄, 묘하게도 나는 인하공대 학생회장으로 이 박사 탄생 100주년 기념식에 참석한다. 인하공대는 동란에 피폐해진 조국을 재건을 위해 공과대학을 세워 달라며 하와이교포는 독립운동의 본산지이자 민족의 한과 기개가 서린 하와이 한인 학교를 매각, 그 대금 50만 불을 이 박사에 보낸다.

국유지와 정부자금을 보태 1954년 동양의 MIT를 꿈꾸며, 인천항 "인" 자, 하와이 "하" 자를 떼, 이 대통령은 인하공대를 설립한다. 초창기엔 뛰어난 인재가 몰렸으나 이 박사 실권 후, 침체기를 겪다가 1968년 대한항공의 조중훈 회장이 이사장으로 취임, 많은 투자를 하며 중흥의 길을 열어 종합대학으로 승격시키어 인하대학교가 된다.

이승만 박사 묘 앞에서 당시 정일권 총리도 참석한 추도식에서 부흥부 장관을 한 김 일환 씨의 안내로 프란체스카 여사를 만난다. 25년 전, 정읍 외갓집에 머물렀던 그분을 만나며, 난 잠시 할아버지 생각을 한다.

당신의 이런 해프닝을 정읍교회 사는 차 장로는 초대 보사부 장관으로 입각하였다. 로 잘못 기록하고 있다.
그리고 1948년 대구로 이주한다. 여기서 잠시~
차경삼은 의사를 그만두고 왜 박봉의 관리가 됐을까? 생각해 본다. 수신제가 치국평천하라 하지 않은가?
그도 치국의 경험을? 아니다! 일제의 우민화 정책으로 당시는 인재가 너무도 부족하여 고등교육을 받은 이가 2% 미만이라 역사는 기록한다.
신생 대한민국은 40여 년 일제의 수탈로 인재도 너무 부족 하였고, 전문적 지식과 경험을 가진 이는 턱없이 부족하던 시기였다. 여러 이유로 일제 청산도, 민족정기도 바로 세우질 못하는 혼돈의 시기, 또 다른 비극의 단초가 만들어지든 시기였다. 제헌 정부에 참여를 계속 권유하는 이 박사의 요청과 자신의 안락보다는 신생 독립국에 이바지하고, 올곧은 관리가 되고 싶었을 것이다.
왜냐하면, 나도 비슷한 경험이 있기에~, 후에 어느 정도 이해를 할 수 있었다.

난 70년대 산업화 물결에 따라 현대 자동차, 현대 전자에서 설계, 신제품 개발자로 초기 15년을 정신없이 기술 개발을 위해 국내외를 다녔다.
그 후, 미국, 인도 등지에서 Plant Engineering도 하고~

운 좋게 홍콩과 한국에서 상장사 C.E.O를 12년을 하다 퇴직을 하였다. 전문 경영인 생활을 마친 후 내 경험에 따른 치국할 기회를 얻어, 산업통상부 소속의 자문관이 되어 개도국 경영에 참여한다.

아제르바이잔 산업에너지부, 파라과이 산업통상부의 산업 발전 정책 자문관으로 4년여를 근무하였다.
한국의 발전 경험과 수원국의 현실을 조합하여 국 과장들과 함께 산업발전 Master plan을 수립, 양국의 방위산업 협력을 실질적 추진도 한다. 밀사가 되어~,
시기적으로 timing도 맞고 파견국 장관들의 도움도 많이 받으며
이 * 하 대사의 배려와 정 *균 의원, 김 * 진 장관의 빠른 지원과 결단으로, 양국 국방장관 회담이 성사되니, 러시아 푸틴은 화들짝 놀라 바쿠를 급거 방문하여,
"러시아 군함, 잠수함 좋다~ " 고,
러시아 방어와 석유 자원이 풍부한 카스피해에 한국형 군함과 미국식 무기편제가 깔리게 되면~,?
"어~ 메 어쩐다냐? 야그들이 우리 나와바리까지 밀고 왔네?"

KGB, K-CIA도 내 컴퓨터를 다 해킹하고~,
린다 김 노릇 아무나 하나? 누가 내 편인지? 분간이 어렵다.
밥상 차려 놓으니 아군은 서로 공을 다투며 숟가락 들고 설친다.
적군은 이놈이 어디 와서 까불어~,?
재수 없으면 총 맡기에 십상이라 ㅋㅋ, 누구도 믿을 수 없는 상황

12. 1948년, 제헌 정부 판라가 되다.

이다. 본부와 상의, 뒷일은 관에 맡기고 서둘러 귀국한다.
전율도, 보람도, 재미도 있었던 보람찬 세월이었다.
기업인으로 활동을 하다 보니 관리들의 잘못된 모습과 관행을 많이 보아, 일개 필부지만 내가 하면 잘할 수 있다 했으니~~

외조부는 일제 관리의 권위적, 억압적 모습에 무지 분개하셨을 것이고 신생 대한민국을 그런 나라로 만들고 싶지 않았을 것으로 난 미루어 확신한다.

앞에서 전술한 대로
2012년, 아제르바이잔 바쿠에서 여러 자료검색을 하다, 우연히 차경삼 국장의 관직에 임하는 철학과 당시 형편을 미루어 볼 수 있는 좋은 자료를 찾는다.
경북 도정월보 60년 베일 벗는다. 는 기사에(2009. 2. 23)
~ 전략 ,
책장을 넘기자 경상북도 도정에 대한 옛이야기들이 하나둘씩 걸어 나온다. 1951년의 빛바랜 도정월보 창간호에는
경북 역사가 살아 숨 쉬고 있다.
전쟁 와중에 경북지역의 흐름과 당시 시대상을 파악할 수 있는 얼마 안 되는 자료로서 그 가치가 엄청나다고 할 수 있다.
~ 중략.
당시에는 간부 공무원 상호 간 평가에 대한 글도 실려 있다.
그중 대표적인 것이 차경삼 문화국장과 허 유 산업국장 간 글이

다. 두 국장은 서로 간의 인품과 행정에 임하는 자세를 칭찬하면서, 필요한 부분에 대해 넓은 마음으로 조언도 아끼지 않았다.

그래 이거다!

나는 흥분에 떨며 담당 기자와 공무원의 이메일 주소를 찾고, 차경삼의 외손입니다.~~

조부의 기록이 있다니 그 글을 보내 주시길 서둘러 요청 메일을 보내고, 고맙게도 며칠 후 답을 받는다.

오래된 글이라 해독이 어렵지만, 정신없이 읽는다.

그의 인품과 평판, 생각과 철학, 당시 조부가 처한 상황을 볼 수 있는 좋은 자료다.

행정 하는 명의 차경삼: 산업국장 허 유 글.

추어올리는 글은 편집자가 쓰지 못하게 하고 그러타고해서 과히 험담도 못 할 일, 하로 에도 몇 차례식이나 만나야 하는 처지라 그러지도 못하게 커든,

원래 구변과 필재에 있어 차 국장이 나 따위보다 훨씬 나은데나가 남에게 욕먹을 점이 내가 훨씬 많으니 타산적인 견지에서도 차 국장의 험담은 않는 편이 내게 유리하단 말야

차 국장의 구변이 출중하다. 이거 천하가 다 알지만 사실 그 거 크게 자랑할 만한 일은 못된다고 생각해요. 긴 세월을 두고 설교를 듣고 해온 노 장로님이고 거쯤 잘 지껄이시는 거야 당연하지 일도의 문교 책임자라 접장의 고수이니 맡당히 글도 잘 써야 할 일. 그 구변과 필재가 나를 욕하는데 쓰여지지 않기를, 내가 좀

12. 1948년, 제헌 정부 관리가 되다.

선배 노국장님의 험담을 했기로서니….

차 국장의 대머리는 아모리 보아도 싫증이 나지 않아요,

도대체 대머리라는 것은 좋은 것이거든 내가 대머리라 해서 자랑하는 것으로 오해를 하면 약간 곤란하지만.

차 국장의 민주기풍 그것도 본바들만한 점이야, 그 온화라고 부드러운 풍모와 접인 동작! 이런 조흔 양반이 더구나 편하게 돈버리 잘할 수 있는 의사란 조흔 기술을 가진 양반이 4만 환짜리 벼슬아치가 되어 반은 쉰듯한 밴도 밥을 냉수에 말아서 훌저럭훌저럭 들어 마시는 걸 볼 때 측은한 생각이 들 때가 있다.

그뿐인가 6.25 사변이란 우리 차 국장에겐 유달리 큰 불행을 가져 왔으니 전라도에 있는 많은 재산을 소실하고~

알뜰한 아들들도 잃고~

아드님 따님 며느님 손자 손녀 혈육은 모다 대구 관사에 우글우글, 학창에 있든 아손을 학교에 보내지 못하는 것을 무엇보다도 마음 아프게 여긴다는 차 국장의 심정 가히 동정할 수 있다.

그러나 차 국장님은 언제나 명랑한 분이라

그리고 신앙의 인이라 그다지 우울한 빛을 보이지 않는다.

고름을 짜서 한 사람을 고친다는 것보다 만인을 교화하고 교육한다는 점에서 우리 차 국장은 또 도백과도 흡사하다.

~ 중략.

마지막으로 생각나는 대로 하나 더 쓰겠는데 막걸리를 마시지 않고 담배를 안 피운다고 해서 차 국장님이 술좌석에 안 나가는 것도 안히고, 술좌석에 나가서 점잔케만 노는 것이 아니라는 엄연

한 사실을 부기한다.

나는 일즉 어느 누가 허 국장에 대하야 이러케 평하는 것을 들은 일이 있다 도내 제반 사정에 정통하고 행정사무에 밝고 익숙한 분, 그것은 과장 없는 사실이다.

행정관 허 유: 차경삼 문사 국장 글

나는 그것을 전적으로 동의할 뿐 아니라 그 행정수완이 비범함을 동료로서 경복하고 있다. 재작년 9월(1949년) 공비토벌 작전상 안동 영주, 봉화 등 북부지구에 본도에서 지사 대리관을 파견한 일이 있었다.

그때 누감하게도 내가 지사 대리관으로 취임하게 돼 허 국장이 당시 지방 과장으로서 보좌관으로 동행케 되었다.

지방 사정에 어두운 내가 그 복잡하고 다난한 지사 대리관의 임무를 대과 없이 맞추게 된 것은 지방민과 관계관의 협력에도 있었거니와 지방 사정에 정통한 허 국장에게 힘 닙음이 적지 않았다.

나는 작금도 그 당시를 회상할 적마다 허 국장에게 감사한 마음을 금치 못한다. 솔직히 말해서 그 수완에 감복하고 있으며 또 나는 인간 허유로서보다 행정관 허 유로서의 관록이 더- 있지 않은가 한다.

물론 행정관 허 유는 인간 허 유를 토대로 한 것이지만 인간 허유로서의 존재보다 행정관 허유의 색채가 너무 농후하기 때문에 그 인간 허 유로서 광채가 상실됨이나 않일까?

우리는 종래에 있어 행정관이라면 두 유형을 연상하게 된다.

일제 시 관리는 민정에 부합하건 말건 법률 조문만 묵수하는 경향이 있었다. 그것은 국민의 복리보다 일신의 안전을 꾀하는 것이다. 그럼으로 중국인들은 밤낮 법률 조문만 따지는 일본 관리를 법비라 호칭하여왔다. 그것이 한 가지 유형이요 또 하나는 해방 후 혼란한 통에 법이라든가 민정이라든가 돌볼 생각도 않고 아무 정견 없이 정실에 끌리는 관리층이 일부 있었다.
그것은 또 절조보다 사욕에 급급하기 때문이다.
이상 두 유형은 물론 시대성에 반영이기도 하지만 국민을 희생하고 국가를 그르치는 자임에 틀림 없다.
내가 허 국장의 행정관으로서 관록이 높다는 것은 그 행정 수완을 가리킴만이 아니다
~ 중략, 해독 불가
절조 없는 관에게 아모 것도 기대할 것이 없음을 아는 국민은 허 국장의 앞날에 거는 기대가 의당 크리라,
더욱 우리 경북의 금년 조해는 미증유의 것일 동시에 전국에서도 제일 심하다.
이에 대하여 중앙당국의 대책이 있으려니와 차제 허 국장님의 적극적인 활동을 기대하야 바라마지않는다.

나는 이 두 글에서 6.25 당시 외갓집이 처한 현실과 허 국상의 날대로 돈 잘 버는 의사를 중단하고 4만 원짜리 벼슬아치가 된 이유를 조금은 알 수 있었다.
또한, 당신이 어떤 철학과 가치를 가지고 절체절명의 위기상황인 조국에 보탬이 되고자 하는가? 도 깨닫는다.
한마디로 일신의 안락을 위한 의사란 생업을 접고, 신생국가인 조국의 미래를 위해 기꺼이 박봉의 관리가 된다.
내가 기억하는 그의 삶은, 권세와 부귀영화를 목적하지 않았다.

그저 민중과 함께 호흡하며 대의를 위해, 하나님의 정의를 실천하는 삶이었다. 그러기에 전술한 바와 같이, 젊어서부터 경세가적인 생각으로 일제에 맞서, 많은 일을 해온 그는 사명감, 자신감도 있었을 것이다.

하지만 개인적으로는, 관직에 나간 것이 크나큰 불행을 불러온다. 모두에게 불행한 6.25 사변으로, 당신은 다섯 아들 중, 큰아들 광명과 셋째 광남과 넷째 광현을 잃는다.

훌륭히 키운 대들보 같은 세 아들을 잃고, 사랑하는 누님 내외도 처참한 시체로 발견됐으니~,

연이어 들려 온 비보에 당신은 절망의 끝자락을 붙잡고 통곡하며 절규한다. 주여! 당신은 자비로운 하나님이라 하며 어찌 저에게 이런 시련을 주십니까?

욥처럼 사탄이 시험을 원했습니까?

내가 당신에게 범죄 했습니까? 그는 울부짖는다.

난리 통에 많은 재산마저 흔적 없이 사라지고 불행은 계속된다. 큰며느리는 시집올 때 몸종 셋을 데리고 왔다는 전북 옥구군 만석꾼 딸이었는데 토지개혁과 사변 통에 친정은 몰락하여 손자들의 학업도 어려운 지경이라는 소식을 들었으나 도울 여력도 없었다 한다.

둘째 외숙 광수는 형과 동생의 납북으로 연좌제에 걸려 직장도 잃고, 부인의 친정도 전북 태인 군의 만석꾼 집이었는데 정치 바람이 불어 급격히 가세는 기울고, 이후 모두 힘든 생활을 하였다.

모든 불행이 한꺼번에 쓰나미처럼 덮쳤으니 당신의 고통은 이루 말할 수 없을 것이었다. 그러한 말 못 할 가슴을 동료에 털어놨으니~, 그 진중하신 양반이~, 미루어 짐작이 간다.

나머지 자식과 손자들마저 연좌제에 걸려 꼬리표가 따라 다니고~ 그렇게 6.25는 외갓집을 할퀴며 쓸고 지나간다.

한마디로 폭삭 망한 것이다.

그래도 그는 희망을 꿈꾼다!

자료 대한민국사에서 "대구 동양의학 강습회 창설" 이란 기사를 찾아낸다. 지금도 양의와 한의들의 갈등은 자주 나타난다.

의학에 대해선 문외한이지만, 나는 서로 영역을 인정하고 보완, 협력하면 좋으련만~ 왜 밥그릇 싸움을 하지?

의약 분업인지? 협업인지? 의 다툼도 얼마나 요란하지 않았는가? 일제는 악의적인 통치의 일환으로, 한방의학이 비과학적?, 비체계적? 이라 하여 철저히 제도권 밖으로 밀어낸다.

저변에는 우리의 전통문화를 말살하려 했다.

의사 차경삼은 관리가 되어서도 큰 틀에서 생각하여, 한방과 한의학을 거부하지 않고 과학적으로 체계를 세워 제도권 안으로 들어오게 하는 후원과 기초를 닦는다.

이런 노력이 열매를 맺어 1953년 서울 한의대가 설립되고, 체계적으로 한의사가 배출된다. 후에 동양의대가 되고, 경희대에 합병되어 경희대 한의과대학으로~ 더욱 발전하여, 전국에 원광대 및 여러 한의대가 설립되고 국민보건의 중요한 축을 이룬다.

12. 1948년, 제헌 정부 관리가 되다.

東洋醫學講習會 창설, 영남일보 1949년 10월 14일

동양의학은 5,000년이란 역사를 가졌음에도 불구하고 李朝 500년간의 과학 천대와 왜제 36년간의 농촌착취로 말미암아 연년 쇠퇴일로를 밟고 왔으며 드디어 존폐의 기로에 마주 서게 된 비통한 현실을 개탄코 漢 醫 각자가 가진바 特殊 秘 方을 개방하여 현대의학을 도입하여 비약적 발전을 꾀함으로써 민족 백년의 보건에 공헌함과 아울러 동양의학의 일반 시설에 관한 國政 制度化를 기도함을 결의코 시내 漢方醫 등 이 총궐기하여 난국의 타개에 맹활동 중이던 바, 결실에 이르러 동양 의학강습 회의 창설을 보게 되어 드디어 재작 12일 하오 5시부터 만도의 절대한 주시를 받고 大邱 復明國民校에서 명예회장 車敬三씨, 부회장 申 泰 文 씨, 위원 諸 氏 , 高 의대학장 이하 내빈 다수, 노약 남녀회원 100여 명 참석 가운데 개강식을 당당히 거행한 바 있었는데 식순에 따라 국민의례, 위원 崔海鍾 씨의 열변 개회사에 이어 부회장 신태문 씨 금일의 성사에 이른 상세한 경과보고와 회칙에 관한 훈시가 있었으며, 다음

명예회장 차경삼 씨는 현금 동양의학의 저조한 원인을 지적하는 동시에 회원 제씨에 부하 된 사명의 중대성에 비추어 본 강습회를 통하여 유종의 미를 거둘 것을 역설한 바 있어, 이어 高 의대학장은 오늘의 개강식을 맞이한 감격을 토로하며 예방의학 시대에 있어서 동양의학이 가지는 장점을 살려 나감으로써 나아가서는 인류보건에 이바지하여야 한다는 요지의 간곡한 축사가 있은

다음, 포항 도립병원장은 의학의 필수 불가결성을 강조하며 제2의 茶山 선생이 되라는 격려사를 마치고 7시에 박수 가운데 폐회를 고하였는데, 이날 동양의학 재건의 봉화가 유서 깊은 대구에서 올리게 된 것과 아울러 후진을 위한 열성적인 지도에 회원들은 크게 감격한 바 있었으며 이에 보답고자 기필코 다대한 성과를 올릴 것을 맹서한 바 있었는데 임원과 강사는 다음 제씨이다.
△명예회장 : 차경삼씨 △부회장 : 신 태문씨 △상임위원 : 具玆度씨 외 4씨 △위원 : 金容錫 외 31씨 △고문 : 국회의원 李源弘, 趙憲泳, 徐相日 및 경북도지사, 대구고등법원장, 대구 고등검찰 총장, 대구지방법원장, 대구지방검찰청장, 보병 제3사단장, 경북도 경찰국장 △강사 : 金鍾仁·崔海鍾·李敦鍾·

전란 중이지만 거도적 행사이다. 고위관리가 망라되어 있다.
이 기사에서 그는 경성의전 출신, 세칭 양의지만,
합리적, 민주적 사고와 폭넓은 생각으로 한의학도 과학적, 체계적으로 발전시켜야 한다! 양 한의 갈등과 밥그릇 싸움을 뛰어넘는다. 할애비~ 훌륭하신 일 했수!
이 손자도 박수를 보냅니다.

하지만 그는 헌신적 노력을 인정받아 1951년 10월 경상남도 문교사회국장으로 영전을 한다. 경남 교육사는 2대 문사국장 차경삼은 국방, 도의, 기술, 지식교육을 지침으로 하달하였고, 여타 기록 자료는 찾을 수가 없다.

혼란기 피난 지역인 경남, 부산지역의 각지를 돌며 문교 행정을 지휘하다, 1953. 11. 6일 정년 퇴임을 한다.

그는 경상도 문교 행정을 책임지는 문사 국장(현 교육감)을 6년 했다. 동료 허 국장의 말대로 4만 원짜리 벼슬아치가 되어 찬 도시락으로 점심을 때우는 고집스러운 관리였다.

탐관오리에게는 부정부패, 매관매직이 판치던 그 좋은? 시절에…. 전라도 가산은 흔적이 없이 도둑맞고, 사라지고, 그래서 아버질 잃고 어려움에 있던 손자들을 도울 여력이 없으셨구나! 당신의 마음이 얼마나 아프겠는가?

당신은 그걸 가슴에 묻고,

신념과 소신에 따라 신생 독립국의 교육에 매진한다.

13
1954년 진주여고,
토지의 박경리와 혼불의 최명희

1953년 11월, 정년 퇴임 후, 경남 진주여고 교장으로 부임하여 교육자의 길을 걷는다. 경남 문사 국장(현 직제는 교육감)으로 정년 퇴임하고 교장으로 나가다니?
수상하다, 이거 갑질 아닙니까? ㅎ ㅎ
요즘이면 전관예우, 갑질, 낙하산 인사 등 난리가 났을 거야,
이 승만 박사가 한 번 더 봐줬는지? 전관예운지?
능력, 평판이 좋아서인지?
차경삼은 진주여고 교장으로 1953년 말부터 57년 화재사건으로 사표 낼 때까지 또 다른 생활, 교육자의 길을 간다.
잠시 나의 기억 속으로~

어머니 말씀에 의하면, 51년 이후 아직 전선에는 포화가 멈추지

않았지만, 후방 도시의 치안은 그런대로 안정이 되어가
나를 업고 대구로, 부산으로 당신 아버지를 찾아가 세 오빠와 고모의 죽음과 행방불명을 위로하시곤 했단다.
허약했던 나는 곧잘 폐렴에 걸려, 위험 지경에~
하지만 외조부는 당시 전쟁 통에 귀한, 페니실린을 구해 오셔서 치료해주시곤 했단다.
"너 외할아버지 아니었으면 잃었을지도 모른다"
전주로 돌아오는 길은 대전서 노리가이 해서(차를 갈아탄다는 뜻의 일본말) 그 유명한 대전발, 0시 50분 목포행 완행열차를 타고 ~ 그리 다녔다.

나도 아버지를 따라 초등학교 1학년 때 진주여고 교장 관사로 놀러 간 기억이 생생하다. 학교 한쪽에 소나무 숲과 관사가 있어 나무 그늘에 앉아 동화책도 보고, 숙제도 하고, 할아버지와 함께 수박도 먹고, 밤늦게까지 아버진 당신 장인이자 친구의 아버지와 이야길 나누곤 하신다. 후에 깨달았지만
아마도 친구이자 처남인, 광남. 숙부 노릇을 조금이나마 대신하려 했던 모양이다. 아버진 외갓집 할아버지하곤 되게 친하네?
궁금해하다 잠이 들고~
철부지인 나에게도 당신은 멋진 할아버지였다.
저녁이면 한글이 아닌 요상하게 생긴 꼬부랑 글씨로 뭘 한참 쓰시고, 됐다! 하시며 나에게 빙그레 웃곤 하신다.
후에 알았지만, 영어로 일기를 쓰셨다.

난 행복한 어린 시절을 떠올리며 자료를 찾는다,
박경리의 여고 시절은 어땠을까? 라는 기사가 눈에 들어온다.
소설 토지가 신 동아에 연재될 때부터 읽었기에~
진주고녀 출신이라는 것은 진즉 알았고, 기사는,
대작가의 장례식 기사다. 유해는 진주여고를 들르고~~
애석하게도 박 선생의 여고 시절을 더듬어 볼 수 있는 학적부는 없다. 6·25 때 소실되었기 때문이다.
현재 남아있는 그의 기록은 졸업 대장이 유일하다.
졸업 대장에는 1928~1948년도 졸업생의 명단이 적혀있다.
이 졸업 대장은 6.25 뒤 차경삼교장(1951~1957? 오보다, 1953~1957이 맞다) 재직 시 제작된 것이다,
당시 김명영 교사가 작성하고 교감과 교장이 감수한 것으로 되어 있다.

야~ 우리 대장은 어디 가든지 한 건씩 하는구먼!
민족의식과 미래적 혜안이 밝은 그는, 학생명단을 일일이 대조하여 찾아내고, 일본 강점기에 여러 사정으로 졸업하지 못하고 퇴학당한 학생들도 명단에 올려, 이 졸업 대장을 만들고 명예 졸업장을 대량 남발하는 중죄를 저지르신다.
대장님 이거 직권남용 아닙네까?
그래 손자 짜샤야! 직권남용이다!
법비나 소졸한 것들은 직권남용이라 시비하지만 이럴 땐 그냥 질러버리는 거야 인마, 알았어? 역사는 이리 만드는 거다!

그 학생 중 하나, 가정 사정으로 4년 중퇴한 박 금이,
후에 대작가 박경리다.
그 사위가 시인 김지하 고~
박 금이가 나중에 대작가 박경리 될 줄 알고 졸업장 줬냐?
아니잖아~ 그의 시각과 철학을 알 수 있는 기사이다.
그는 행동하는 지식인이었다.

경상도에 "토지"라는 이야기가 있다면 전라도는 "혼불"이 있다.
경상도에 작가 박경리가 있다면, 전라도는 혼불의 작가 최명희가 있다.
토지는 처음 신동아에 연재될 때부터 보았다.
아버지가 보시고 나면 내 차지였다.
읽으면서 많은 걸 깨달으며, 정말 대작가구나!
많은 등장인물의 모습과 속내를 잘 묘사했다.
아 그 시대엔 저런 악습, 관습에 얽매여 그리 살았구나,
못 배우고 못 봤으니, 저리 살 수밖에 없었겠구나?
그러면서도 뜻을 세워, 저항하며 민중을 인도하는 선구자의 모습도, 알량한 기득권을 지키려는 쪼졸한 군상들,
꿈을 꾸고, 고뇌하며 끝까지 살아내려는 청춘의 모습도,
시대마다 역사의 변곡점마다, 어떤 가치를 중히 여기고 살아내야 하는가? 많은 것을 생각게 한다.
인생을, 우리의 삶을 허투루 살아선 안 되는구나!
토지는 나에게 많은 것을 깨닫게 해준 대작이다!

전술한 대로 차경삼은 박경리의 졸업기록을 찾아 주었다면
셋째 사위 양 영옥, 내 아버지는 최명희의 작가적 자질을 알아보고 문학가가 되는 길을 소리 없이 응원하고 후원한다.
아버지는 전주 신흥고 교감으로 있다, 4·19혁명 후 도 장학관으로 발령이 나서 대기 중, 5·16쿠데타를 맞아 장학관 발령은 취소되고 평교사로 세월을 낚는다.
그러다 같은 재단인 기전여고 교감으로~
학생 중, 최명희라는 특출난 문학소녀를 발견하고 작가의 길을 걷도록 응원 격려한다.
혼불은 최 작가의 고향, 남원의 집안 이야기이다.
그녀의 아버지는 와세다대학 출신이었지만, 해방과 6·25동란으로 그 집 역시, 가세가 급격히 기울기도 했지만,
사범학교 병설 중이 폐교될 때 전주 여중으로 안 가고, 시인이신 이 향아 선생의 인도로 기전 여중 장학생으로 간다.
아버진 고려대 상대 졸업생이지만 책과 문학을 아주 좋아한 영판 교육자다.

나의 아버지, 양 영옥, 1964년쯤 - 기전여고 교감 시절

아버진 교감이지만 결강이 생길 때마다 교실에 가, 학생들에게
책도 읽어주고 문학과 인생을 가르치셨다.
그중 특출한 문학소녀 최명희에겐 당신 책도 주시곤 하며,
 "이 책 좋더라, 많이 읽어라" 2년여 짧은 시간을 함께한다.
다시 신흥고 교감, 교장을 하시면서도 계속 최명희를 후원, 격려
한다. 집안 사정으로 대학을 못간 최 작가에게
"세상은 간판도 필요하다."라며 좀 늦게라도 전북대 국문과에 가
도록 독려하여, 기전여고 교사로 돌아오게 한다.
큰물에서 놀도록 서울 보성여고 교사로 갈 것도 권유하시고,
연고가 없는 서울 생활, 작가의 길에 도움을 주고자, 오랜 친구인
일조각 한만년 사장(출판협회장)에게 데리고 가, 도움이 필요할
때 의지토록 소개도 한다.

드디어 여성동아 신춘문예에 당선!
그 해, 1980년? 설날쯤,
당선 인사차 집에 온 최 작가와 난 처음이자 마지막 상면을 한다.
아버지를 찾아온 30대 여성이, 나에게 "누구?"
큰아들입니다~, 그럼 용범이 친구?
어~ 명희 누나? 이미 아버지를 통해 그녀를 난 조금 알고 있었다.
그녀의 동생 최 용범은 나의 중학 시절 동창이자, 한때 야구부에
서 운동도 같이한 잘생긴 친구다. 이리 만나고 20년 후 홍콩에서
근무 중, 그녀의 안타까운 부음을 듣는다.
그 후 여러 동창생이 "용범이가 네 아버지 얘기 많이 하면서, 널
찾더라!" 아버지의 소신도, 많은 제자를 후원하려 애쓰신 것도,

그러고도 일절 입에 내지 않는 분이라~.

국제도시 홍콩의 일상과 업무에 쫓겨 무심히 넘어갔다.

몇 년 후, 내 어머니 장례식에 뜻하지 않게 용범은 문상을 왔다. 반가운 마음에 여러 얘기를 하다, 아버지를 뵙고 싶다 해서, 얼마 후 아버지를 같이 만난다.

"명희 누님은 자주 아버님 말씀을 했습니다, 많이 감사했다~" 고 그녀가 그 겨울날, 아버지께 드린 첫 번째 출간된 "혼불" 에는 "혜존 양 영옥 선생님" 일필휘지가 있었다.

장인과 사위는 우연하게도, 아니 당신들의 소신대로 전라도와 경상도 아니 한국을 대표하는 두 여류작가와 이렇게 인연을 맺었다.

작가 최 명희(출처: Google)

작가 박 경리(출처: Google)

다음 기사는

1957년 숙직실의 화재로 진주여고에 불이 난 책임을 지고 차경삼교장은 사임한다.

나의 기억에 마산도 계셨는데 ?, 마산 창?고 라 했는데...

난 기록을 찾는다, 그래! 마산 창신고는 1908년 개교한 기독교

학교라~

학교 사이트에서 1957.2.20.일 부임하여 58년 10월 10일 퇴임, 10대 교장 차경삼을 찾아낸다. 그렇지! 빙고!

하지만 다른 기록은 없다. 그리고 65세 정년 퇴임을 하신 거다.

60세까지 고위 공무원인 문사 국장 하다, 65세까지 교육자로 신분 전환하여 교장 두 번을 하고~

이거 너무 해 먹는 거 아닙니까?

전관예우도 심하지 않습니까? 이거 갑질 아닙니까?

어~허, 손자야, 쨔샤 야! 이거 내 재주 아냐~,

임마 오버하지 마! 나 장관 하라 해도 안 했잖아?

도지사도 안 했는데~,

야~ 손자, 좀 좋게 봐~ 주라. 이게 이제 머리 커졌다고~

이거 윗선에서~

윗선 어디요? 예나 지금이나…. 윗선이나 팔고~

경무대, 이 박사요? 쉿~ 조용히,

옛날 신세 졌다고, "차 의사 아깝다고….

에~이 답답한 사람~" 하니 비서들이 알아서~,

자리 만들어 놨으니 가라고 해서 갔다! 어쩔래?

맨입으로 요? 그런 게 어디 있어요, 얼매 갖다 줬시요?

이 박사가 가끔 "차 의사는 지금 머 하나" 물으면

모르~ 겠는데요~,

했다간 불호령이야. 그러니 비서들이 알아서 챙기능겨!

알았시요~ 오버.

좌우지간 그는 계속 괜찮은 자리로 65세까지 계속 녹을 먹었으니…. 오해를 살 만하지 않은가?

이건 웃자고 하는 얘기일 뿐, 독자는 천기누설하지 말도록!

초등학교 2년(1957년) 때 아버지를 따라 마산에 간 기억이 있다.
외갓집에 인사도 하고~
화력 발전소, 부두도 구경하고, 만화영화 피터 팬도 봤다.
내 생에 처음 본 만화영화였다, 얼마나 재밌고 신기했는지? 미국서 만든 만화란다, 미국?
할아버지가 쓰는 꼬부랑 글씨 쓰는 나라란다.
어린 꼬마는 할아버지 때문에 넓은 세계를 꿈꾸기 시작한다.

전주 객사길 우리 집은 공보관이 매우 가깝고, 일요일 아침이면 공보영화, 기록영화를 공짜로 보여준다.
물론 꼬마들은 줄입금지다. 난 용삼히 노선!
아침이면 옷을 좋은 것으로 골라 입고 운동화도 신고(당시 고무신이 태반이다) 입은 거지는 얻어먹는다 했으니….
공보관으로~,
기도 아저씨한테 꼬마들은 여지없이 퇴출이다.
난 아무 말 없이 좀 비켜서 있다. 꼬마들이 다 쫓겨나고 나 혼자만 있을 때 웃으며 다가가 "아저씨 저 좀 들여보내 주세요." 당연히, 안 돼!

아저씨 "민족의 제전" 꼭 봐야 해요,
손기정 선수 우승하는 거 보고 싶어요.
한쪽에서 조용히 보고 갈게요 네,
기도 아저씬 씩~ 웃으며 "너 공부 몇 등 해? 일등 해?"
일등은 못하고요 우등상은 받아요.
"다음엔 일등 해!" 네 공부 열심히 할게요.
돌아다니지 말고 조용히 보고 가! 넵!
그렇게 기도 아저씨와 안면을 트고 매주 무사통과.
난 그때 전주 공보관에서 많은 기록영화, 문예영화를 본다.
베를린 올림픽 기록영화인 민족의 제전도, 데이비스컵, 스케이팅, 스키, 권투, 야구 월드 시리즈, 월드컵 축구도 보고~ 많은 기록영화를 본다.
세계에서 가장 가난한 나라의 10살 소년에겐 너무나 신기한 기록들이었다. 벙어리 삼룡, 아리랑, 나환자 시인, 한 하운을 그린 문예영화도, 찰리 채플린의 무성영화도~,
꿈의 동산이었다.
나도 저런 좋은 나라에 가서 살아야지! 가봐야지! 하며
꿈을 꾼다.

어린 손자는 외갓집 할아버지에 의해 꿈을 갖고, 꿈대로 산다.
가난한 개도국이 선진강국이 되는 꿈을 꾸면서,
사회생활 반 이상을 100여 나라를 다니며 외국서 근무한다.
원도 없이 넓은 세상을 떠돌아다니며,

자동차와 전자산업의 일선 경영자로 최선을 다한다!
우리 삶은 중요한 사건들이 우연한 듯하지만, 필연이더라!
내가 생각한 데로, 나의 작은 행위가 쌓여 우연처럼 행운도 불행도 오는 거 같지만, 아니다, 필연이었다.

주여!
나에게 허락하신 은혜에 감사에 감사를 더 합니다.

14
1990년 미 Iowa,
노 해병과 장진호 전투

1990년 나는 무역진흥공사의 추천으로
미국 Iowa주 상공회의소(Chamber of Commerce)가 주관하는
산업과 투자유치에 참여한다.
Iowa주, Cedar Rapids시 Hanson 시장은 미 해병대 중위출신으로 인천 상륙작전에 참전, 상륙 후, 김포비행장 경비소대장을 해서 운 좋게 장진호 전투에는 참전치 않아 생환했다고~ 장진호 전투? 당시엔 일반인에겐 거의 생소한 전투지만, 해병대 출신인 나는 대략은 알고 있었다.
장진호 전투는 세계 전쟁사 중,
2차 대전 중 벌어진 스탈린그라드 공방전 다음으로 치열한 동계 전투로 기록된다.
그 유명한 20만의 생명을 구한, 흥남부두 철수 작전을 위해,

2만여 명의 미 해병 제1 상륙사단과 배속된 소수의 UN군, 한국 해병대 일부가 맥아더의 명령에 따라 북쪽 깊이 진격한 미 육군 10군단과 국군 1군단, 피난민 등

이십만 이상의 생명이 무사히 철수토록 퇴로를 열고,

수적으로 5배가 넘는 12개 사단으로 구성된 중공군 제9병단을 막아내며, 퇴각로를 열고 모든 장비를 가지고 철수할 시간을 번 전쟁사에 길이 남을 전투였다.

미 해병 1사단장 스미스 소장은 용장이자 지장이었다.

크리스마스 전에 전쟁을 끝내려는 맥아더와 미 육군 10군단장의 진격 독촉에도, 소신껏 신중한 작전을 펼친다.

로마군처럼 병참과 기동력을 중요시하여 진격 시에도 최악의 경우를 대비, 퇴로와 수송라인을 확보하며 요소요소에 병참기지를 구축하였기에, 공격적 후퇴(주도적인 방어적 전투를 하며 후퇴하는 전술))가 가능하였다.

영하 3~40도의 추위와 퇴로 확보가 불가능하다. 완강한 백아너 원수의 항공기철수 제안도 거부!

"해병은 장비를 버리고 초라하게 도망치지 않는다!" 며 2,000여 동상 환자와 부상병만 항공기 후송을 하고,

2만여 명의 주력부대는 1,000여 대의 트럭과 중장비를 가지고 육로로 퇴각을 결정한다.

미 육군 10군단의 휘하 2사단은 궤멸하여 군기마저 소각, 패잔병이 되어 후퇴한다.

225

미 해병대는 생명선인 능선을 확보, 넘쳐오는 중공군의 공격을 막아내며 영하 30도가 넘는 추위 속에서 퇴로를 열고,
18일 만에 죽음의 계곡 125km를 산 자와 죽은 자가 장비와 함께 퇴각, 흥남 철수작전을 성공하게 한다.
해병은 약 7,000여 전상자를 내고 중공군 9병단은 35,000의 사상자와 무지 기수의 동상 자를 냈다. 고 전사는 기록한다.
중공군 9병단은 피해가 커서 이듬해 봄까지 전선에 복귀하지 못하여, UN군은 안정되게 1.4 후퇴를 한 후,
다시 서울을 수복하나 전선은 교착되고 1953년 휴전,
오늘까지 전선은 유지되고 있다.

그들의 희생을 기리기 위해,
매년 미 해병대는 뉴욕에서 살아남은 생존 용사, 노병들이 앞서며 시가행진을 벌인다.

미 해병 1사단장 올리버 스미스 소장

모든 것이 얼어붙은 전투를 기억하고 전우를 기리며,
"Never forget Jang jin Ho"라고~.

해병 정신이 충만한 용장이며 지장이다. 전공을 인정받아 4성 장군이 되고 대서양 해병대 사령관에 오른다.
하지만 한국에선 흥남 철수작전 또는 1.4 후퇴로만 기억되고 있어, 한미 해병의 숭고한 희생은 잊혀가고 있어 안타깝기 그지없다. 다만, 명장 이만희 감독의 1960년대 영화,
"돌아오지 않는 해병"에서 본대의 퇴각을 위해,
중공군을 막아내며 시간을 벌다 장렬하게 전사하는 해병들의 모습이 있을 뿐이다.
나는 묘하게도 1970년 상륙작전 훈련 중 "속 돌아오지 않는 해병" 영화 촬영에, 엑스트라로 출연을 한다.

상륙작전을 하면, 당연히 해군 수송함을(LST) 타고 동해로 나가 2~3일을 함상서 보낸다. 해군 수병들 괄시가 심하다.
"저 개떼들 온다, 거지새끼들 탄다!" 하며, 당연할지 모른다.
훈련은 빡 세지, 배는 고프지, 좁은 함상에 바글거리니~,
그들이 보기엔 영판 개떼, 거지 떼 같이 보인다.
그러면 우리 해병은 너 물개 새끼들, 휴가 열차서 걸리기만 해라, 죽여놓는다!
하지만 막상 열차를 타면 타군은 쫓아내도, 해군은 해병이 독점한 칸에서 편히 가게 한다. 다음부턴 까불지 마라! 크크

너무 늦었지만, 몇 년 전에야 처음으로 70여 년 만에 미 해병 참전용사를 초청하여, "장진호 전투 영웅 추도식"이 현충원에서

"돌아오지 않는 해병" 의 한 장면, 장 동휘, 최무룡, 구 봉서, 장 혁 등이 해병대원으로 출연

열렸다. 다행히도 문재인 대통령이 미국방문 시
미 해병대의 장진호 전투 기념비에 헌화하며,
부모가 흥남부두에서 탈출한 피난민이었음을 상기한다.
그들의 희생을 기리는데, 그리 긴 세월이 필요했던가?

맥아더는 명장이었지만, 전쟁을 크리스마스 전에 끝내려는 조바심이 가져온 커다란 패전이었다.
이미 중공군은 백두산 줄기를 따라 깊숙이 침투, 은닉하고 있었다. 이런 첩보를 무시하고 그저 진격 명령만 내린 결과다.
한국해병은 한국동란에서,
낙동강 전선을 지켜낸 통영 상륙작전(미 종군기자는 귀신도 잡을 해병대란 명예로운 칭호를 준다),
인천 상륙작전, 원산 상륙작전, 미 해병대도 7번이나 빼앗긴 도솔산 전투에서 승전하는 등,
항상 조국을 구하는 선봉에 선다.

5·16 쿠데타도 육군은 서로 눈치 보느라 출동도 안 할 때,
유일하게 D-day, H-hour를 지킨 해병 제5여단 (김포 주둔)
이 선두로 한강 다리를 건너 중앙청과 방송국을 점령하여 혁명이 성공된다. 월남전도 선두로 출정,
캄란에 상륙하여 다낭, 호이안 지역에서 6년여를 미 해병과 함께 싸운다. 하지만 박정희 대통령과 차지철에게 토사구팽당한다.

"저놈들은 단결력이 강해서 한다면 하는 놈들입니다"
"너희로 혁명에 성공했지만 만약에 반기를 들면 감당이 안 되지~"
월남전이 끝난 1974년,
해병대의 깃발은 내려가고 해군에 통합, 지휘권이 넘어간다.
타군 출신은 아무렇지 않게 생각할지 모르지만,
노 해병들은 해병대 깃발을 다시 올리기 위해 전국적으로 해병전우회를 창설, 1987년 마침내 해병대 깃발이 다시 올라간다. 다만 작금의 사태를 볼 때,
정치 편 가르기에 줄 서지 말고, 순수한 해병 정신을 지켜 주길 바란다.

불행히도 군사정권, 짝퉁 보수 정권은 아직도 육군 중심의 사고에서 빠져나오지 못한다.
이순신 제독처럼 바다로 나가 길목을 지키고, 적을 쳐 국민과 땅을 지켜야 한다. 해군, 해병이 선두에 서야 하는 전략기동군 개념이 있는가?

하지만 미국은 남북전쟁과 2차 대전에서의 해병대의 희생, 전통과 명예를 기리기 위해, 백악관은 물론 전 세계 미 대사관의 경비와 의장 행사는 해병대원에게 맡긴다.
미국의 가치를 지킨 가장 명예로운, 용감한 군대로 인정하는 것이다. 또한, 해병, 해군 중심의 전략기동군 체제이다.
물론 육군이 주력부대지만 선봉은 해병대이다.
군가대로 "삼군에 앞장서서 해병은 간다 !"다.
상륙작전은 앞은 적이고 뒤는 바다이니
"싸우면 이기고, 지면 죽어라."다.

내가 거수경례를 하며 한국 해병대 출신임을 말하자, 그는 날 뜨겁게 포옹한다.
"한국 해병대 정말 용감히 잘 싸웠다. 너희들 죽기를 한하고 싸웠다" "엄정한 군기, 명령 절대복종, 미 해병대 못지않았다"

전우의 시체를 트럭에 싣고 흥남부두로 산 자와 죽은 자가 함께 퇴각하는 해병대원

Korea Marine Corps, They might even capture the devil.
(귀신도 잡을 한국 해병대) 그의 말은 노회한 정치가(8선 시장이다, 9선이면 미국 최다선 시장이 된단다)의 말놀이가 아닌 진정성을 나는 느꼈다.

그 후에도, 미국과 한국에서 우리의 교분은 계속된다.

나와 몇 동료에게 명예 미국 시민증을 주는 날 조찬장에서, 그는 참전용사에 고마움을 표하는 한국 정부의 초청으로,

서울 올림픽 개막식에 귀빈으로 참석~,

폐허의 나라가 35년 만에 올림픽을 열다니?
경이로운 사실과 한국의 빠른 발전에 놀라며 한강 변을 달리는 차 안에서 죽은 전우를 기리며, 부인의 손을 잡고 감동의 눈물을 흘렸다는 연설을 한다.

이어서~ "이제는 그들이 우리를 돕습니다."

"우리는 감사하며 이들에게 미국 명예 시민증을 드립니다." 그리고 날 호명하며~ 자기 해병대 후배라고?,

월남전에 청룡여단 관측병으로 참전하여 미 해병 1사난을 포격 지원한 Veteran이라며~ 미국인 특유의 환호 속에 우린 다시 뜨겁게 포옹한다.

풍산금속의 소전 공장이 세계최대 규모로 미국 Iowa주 Cedar Rapids시에 지어지고 있던 1990년 어느 날이었다.

월남전 기억이 순간 스쳐 간다.
1970년 다낭 항에 도착, 발발 떨며 첫 매복에 투입되던 밤도 잊

지 못한다.

첫 작전을 나가는 신병은 공포에 질려 헬기 안에서 오줌을 질펀하게 싸고~ 공포를 잊기 위해 해병대 군가를 악쓰며 부르며~ 헬기는 적진으로 날아간다.

매일 밤 떨어지는 포탄과 포성은 귀를 찢어대다 자장가처럼 들리고~ 밤하늘을 수놓은 야광 탄과 조명탄, 건십(공격 헬기)과 메드백(환자 후송용) 헬기 소리는 구원의 소리이고~

누군가는 팔다리가 날아가며 죽어가고….

전우의 시체 곁에서 소리 없는 오열로 밤을 새우고,

누구는 살아 돌아가고~

우리에겐 내일이 없다!

그저 오늘, 지금 이 순간 살아남기만을 바란다.

한국 해병대는 1948년 제주도에서 미 해병대의 목적과 편제, 훈련과정, 작전개념까지 동일하게 창설된다. 편제와 작전개념이 동

빛바랜 나의 월남전, 포병대대 관측반 벙커~ 15m 높이의 OP 기둥이 보인다.
오른쪽 끝이 나, 주변 전투상황과 떨어지는 포탄 식별이 주 임무

일하여 지금도 양군은 합동작전이 용이하다.

월남전에서도 한미 해병은 서로 연락 장교와 관측병을 교환 파견 시킨다. 한국해병 소총 소대에는, 1명의 미 해병(엔그리코 병)이 항공폭격 지원, 해군 함포 지원 등을 요청하고 미 해병대엔 소령급의 한국해병 연락 장교를 중심으로 상황에 따라,

대대나 중대에 해포 장교(중위급)와 관측병이 파견되어 청룡여단 포병대대의 근접지원을 받는다.

나는 상무대 육군포병학교로 위탁 교육을 가,

측지와 사격지휘 과정을 수료했고 영어가 되니 미 해병과 합동작전 시 파견되곤 하였다. 바로 장진호 전투의 자랑스러운 주역, 미 해병 1사단의 후예들이다.

하지만 병사들에게 불의한 71년 대선투표와 PX 용 쿠폰 공제, 강요에 "전쟁터에서 이게 멉니까, 투표 4대 원칙을 왜 안 지킵니까?"
"왜 수병들 쿠폰을 착취합니까?" 연이어 저항, 항의한다.
보안대와 인사장교에 "졸병 새끼가 먹물 솜 먹었다고 건방 떨어~"
욕설과 폭행을 피해 도망을 친다, 며칠 후~
보복 조치로 케손 산 부근, 최전방 15중대로 쫓겨나가서,
죽을 고생을 한다.
14개월의 참전 동안 하루도 빠지지 않는 어머니의 새벽기도!
덕분에, 나는 "돌아오는 해병" 이 되어 다낭 항에서 귀국선을 타고 용감히? 부산항에 돌아온다.
부산부두에서 귀국선 갑판에 있는 날 보시고 살려 돌려보내신 하

나님 은혜에 감사하며 무릎을 꿇고 기도하는 어머니 모습에, 후에 나는 참회하고 돌아온 탕자가 된다.

이렇게 우리 세대는 각자 사연과 꿈을 안고 서독 광부로, 월남 전쟁터로, 중동의 사막으로 가난을 벗어나고자 죽을 각오로 달려나 간다.
특히 청룡여단을 선두로 맹호, 백마 등 만 6년 동안 연인원 30만이 월남전에 참전,
그 보상으로 한국군 현대화, 고속도로 건설, 경제발전에 미국 측으로부터 많은 원조를 끌어내어 한국 현대화, 산업화를 촉진하는 중요한 종잣돈이 된다.

홍콩에선 11년을 주재하여 법인세, 개인 소득세 잘 냈다고? 영주권을 받는다. ㅋㅋ
아제르바이잔, 파라과이 장 차관들은 영주권 줄 터이니 장가 몇 번 더 가고, 아예 눌러살란다. (아제르바이잔은 이슬람, 파라과이는 이혼, 중혼이 다반사)이리 농담도 하며,
"우린 당신의 지혜와 경험이 필요하다,
우리도 한국처럼 짧은 시간에 성장을 이루면 좋겠다."라고~
어느새 한국은 하나님의 은혜가 더하여, 부러운 나라가 되어있었다.

그렇게 우리 세대도 50년을 달려왔다. 조부들 세대보다 무지 운이 좋았구나~. 조부들의 헌신과 희생으로 나라가 다시 서,

우리가 있다! 라 고백한다.

세계에서 가장 가난한 나라의 어린 소년은 외갓집 할아버지를 찾아다니다 꿈을 꾼다. 당신은 말없이 나에게 꿈을 주었고, 난 그 꿈을 좇아 달려왔다.

할아버지 감사합니다.
당신은 나의 대장, 영원한 짱 이십니다.
의사 차경삼은 고름을 짜내어 한 사람의 병을 고치는 것보다
신생 독립국인 가난한 조국의 미래를 위해 인재양성이 더 중요하다며 기꺼이 안정된 삶을 던지고, 월급 4만 원짜리 관리가 되어 그 혼란과 전쟁 통에, 세 아들과 누님을 잃는 슬픔과 유족과 손자들에 대한 걱정도 견디어 내며,
묵묵히 당신의 책임과 사명을 감당한다.
문교 행정의 경상남 북도, 지역 책임자로서,
또 교장으로 인재를 길러 민족혼을 되찾아~
선비정신과 홍익인간이 넘쳐나는 줏대 있는 민족이요,
강건한 나라, 문화 대국이 되어야 한다는 염원을 실천하는 삶을 산다.
대한제국이 망하던 해,
1910년 당신의 17살에 중학 졸업식 연설문, "자조 자야 천조자니라!"를 평생동안 가슴에 새긴다.

15
1977년,
하늘로 돌아가다.

1917년 경성의전을 1회로 졸업한 의사로 시작하여,
잔혹한 어둠의 시기에 애족 애민의 삶을 살다가,
인생의 끝자락에 다시 의사로 돌아간다.
당시 의사가 많이 부족하던 시기라 보건소 등, 공의는 말할 것도 없이 태부족! 은퇴했거나 고령인 의사들을 각 군의 보건소장으로 임명하던 시기이다.
그는 경북 칠곡군 보건소장이 된다.
나는 그의 마지막 행적을 찾았지만, 언론에는 아무런 기록이 없다.

1975년에 내 약혼식 때 오신 기억이 새롭다.
당시 어머니는, 할아버지가 연로하셨기도 하지만 웬일인지?, 당신 형제도 다 불러 모아 우리 집은 며칠 떠들썩하였다.

아마도 사랑하는 당신의 아버지를 몇 번이나 보겠느냐고?
하시며 살아있는 형제들을 불러 모아 아버지를 기쁘게 하려 했던
거 같다. 당시 82세의 고령인데도 건강하셨고, 자식,
조카들과 기쁜 담소를 나누시고,
아내와 나에게 덕담도 주시고, 우리 집은 그야말로 잔칫집이었다. 그리고 2년 후,
민족의 새벽을 깨우던 지사의 삶으로 모든 사명을 마치고,
자는 듯 평안하게 1977년 6월, 84세로 소천 하신다.
가시면서 이 외손에 텔레파시를 보내시어,
나는 이빨이 몽땅 빠지는 꿈을 꾼다.

나의 부모님, 시골 의사 차경삼의 셋째 딸과 사위, 1969년도 장로 장립식 때

마지막 임무인 공의로서,
나환자를 위한 구라 사업에 열정을 쏟으셨다고 장례식에 참석한 가톨릭 신부는 추도한다,
삶의 끝자락까지 하나님의 사람으로 살다 가셨다!
가톨릭 나환자 구제 회는 그의 헌신에 경의를 표하며 대구 가톨릭 묘원에 모신다.
사랑은 온유하며, 겸손하며, 자랑치 아니하고~
그리 필부의 삶으로 생을 마감한다.

소설가 이 청준 씨가 1976년 즈음,
신 동아에 연재한 "당신들의 천국" 이란 소설에서
나환자 집단촌과 의료 시설을 소록도에 무지막지하게 건설하는 이야기가 묘사된다. 우리들의 천국이 아닌 당신들의 천국으로 변질되어 가는 잔혹한 이야기들이~
하지만 하나님의 사람, 의사 차경삼은 하나님의 뜻대로,
가장 작은 자를 귀하게 대접하는 삶으로 당신의 인생을 매듭짓고 가셨다.

1995년 인도 땅에서,
외손인 나에게 기이하게도 꿈에 다시 나타나신다. (1편 꿈~ 참조)
나는 그의 꿈에 이끌려,
인도, 벵갈주의 나환자촌에 들어가 Roy 목사 내외와 함께,
교회와 진료소를 세우게 된다.

병약한 어린아이는 할아버지에게 치료를 받아 생명을 건지고, 어린 소년은 할아버지에게서 넓은 세상을 알게 되어 꿈을 갖고, 청년이 된 소년은 그 꿈을 좇아 세계로 나간다.

장년이 되어선 외조부의 마지막 사명 아니 못다 한 임무?

하나님께 서원도 했지만, 할아버지 꿈에 의해,

나환자 진료와 구호사업에 이끌려 들어간다.

우연일까? 필연일까?

우연이라는 가면을 쓴 필연이다! 라는 생각이다.

하나님은 당신의 백성에게

정의롭고 용기 있으라 한다.

모세, 여호수아~ 다윗처럼~

정의만 있고 용기가 없으면 햄릿이 되고,

정의는 없고 광기만 있으면 돈키호테 같은 기인이 된다.

영화 Kingdom of Heaven에서

예루살렘을 지켜낸, 십자군 기사 단장 발리랑은 상대인 아랍의 맹주 살라딘에 묻는다.

예루살렘은 무엇이냐? 고

살라딘은 "Nothing" 이라 답하고 가다,

돌아서서 "Everything!" 이라, 다시 답한다.

그렇다!

천국과 예수님은 누구에겐 Nothing이자 Nobody일지 모른다.

하지만 누구에겐 Everything이기에 끝까지 지켜야 할 가장 고귀한 가치일 것이다.
고조부 차 창준
증조부 차 학연 목사, 차형준 목사.
외조부 차경삼 장로, 누님 차 영민 회장, 동생 차경섭 박사,
친조부 양공윤 장로,
부모와 여러 숙부와 이모들~
당신들의 삶은,
조국이 복되지 못한 암흑의 시대에서도 절망치 않고 소금과 빛이 되어, 정의와 용기를 갖고, 서로 격려와 사랑을 나누며 현실에 발을 굳게 디디고, 높은 이상의 꿈을 실천하는 삶으로 살다 가셨습니다.
하나님의 사람으로 살다 가셨습니다.
항상 내일을 준비하셨습니다.
우리에게 아름다운 꿈을 주셨습니다!

우리도 후손들도 당신들처럼 살아가렵니다.
당신들의 삶은 우리 가슴에 영원히 살아있을 것입니다.
난 짧은 기도를 한다.

주여!
우리를 지켜주시고 삶의 끝자락까지 하나님의 사람으로 살다 가게 하소서! 조부들의 믿음이 대를 이어 지켜지게 하소서!

조부들이 지키고 일으킨 이 나라를 복되게 하시고,
당신을 경외하며 살게 하소서! 아멘.

젊은 날 27년 전,
인도 땅에서 뜻하지 않게 꾼, 당신의 꿈으로 시작하여 70이 넘은
나는, 희미한 기억과 기록을 찾아 십여년을 헤매어~
부족하고 투박한 글로,
나에게 혈육을 물려준 조부들의 이야기,
시골 의사의 독립 전쟁을 이렇게 매듭짓는다.
자식과 후손에게 천 마디 훈계보다 이 이야기 하나로 대신하려
한다.
"역사를 기억하자! 살아있는 우리의 삶이다."
2022년, 새해 아침에~

에필로그
The Doctor, 차경삼의 후손들

고조부부터 나의 세대까지 5대 150년 세월을 쫓아왔다.
뚜렷한 목적없이 궁금증으로 쫓기 시작하여,
역사와 언론의 기록을 마주하고 이 아손은 매우 부끄러웠다.
그 부끄러움을 메우기 위해, 조선말 개화기, 일제 강점기,
해방 후 혼돈의 시기에 할아비들이 어찌 살았나 기록한다.

젊은 날 아버지는 나에게 "넌 외탁을 많이 해서 당뇨, 고혈압 관리해라. 또 네 외갓집이 광기가 많다. 신중해라"
난 "아버지, 제가 보기엔 광기가 아니고, 자기 신념에 따른 행동력 아닌지요?"
"이모들 신앙도 이성적이지 못하고 너무 감성적인 거 같더라"
지극히 이성적인 교육자 길을 살아온 아버지는 시대의 희생양이 된 숙부들, 이미 그 기질을 닮아 시국사범 전과자인 자식이 걱정되어 하신 말씀이다.

그렇다!
외갓집 식구들은 광기가 아닌 열정적 삶을 산다.

그 열정적 기질이 삶으로 이어져, 후손들도 시대와 역사 앞에 도망치지 않고 용기 있게 마주선다.

큰 숙부 광명(세브란스 의전 졸)은 6.25 전란 중에 납북되어 북으로 간다. 3남 광남(연희전문 졸, 교사)도 북으로 가는 중에 폭격으로 사망한다. 4남 광현(경성고등 상전, 현 서울상대 졸)은 해군 중위로 복무 중 사고로 사망한다.

누님 차영민은 전술한 바와 같이 대한 부인회 전북회장으로 남편과 함께 전주 형무소에서 많은 동지를 살리기 위해 입을 다물다, 모진 고문 끝에 참살당하여 두개골이 깨진 시체로 발견된다.

The Doctor는 통곡한다!

좌우로 갈린 동족 상잔의 시대, 민족의 고통이 집안에 쓰나미처럼 몰려와 모든 것을 휩쓸고 간다. 하지만 희망의 끈을 놓지 않는다. 자식이 희망이다. 미래이다!

후손들은 절망을 이기고 최선의 삶을 이어간다.
조부들의 뜻을 이은 15명이 넘는 의사, 약사가 나오고~

여러 명의 유명 음악가(성악, 기악)가 나온다.

언론인, 기업인, 외교관, 목회자, 교사, 교수, 대학 총장 등이 나온다. 묘한 것은 권력과 가까운 직업군인, 경찰, 법조인, 정치인은 하나도 없다. DNA가 있긴 있는가? 나는 그저 웃는다.

차 병원 그룹을 이룬 차경섭 박사 집안은 이미 유명하니 건너 뛰고, 손자 중 대표적 인물을 소개하고 싶다.

큰 딸 광신의 아들, 노성만 박사와 노성대 형제이다.

성만 박사는 전남의대를 나와, 5.18 광주사태 때 동료 의사와 의대생을 총동원하여 부상자 치료에 전력을 다한다.

동문의 신망을 얻어 후에, 의대학장, 병원장, 전남대 총장, 여러 종합병원장을 한 의사들 두목이었다.

그의 동생 성대 형님은 광주사태의 진실을 알리고자 신군부와 맞서다 체포, 해고당한다.

바로 그 때, 나는 신형 고속버스 설계를 위해 일본 출장 중.

동경시내 전광판에서 MBC 보도국장 노성대 긴급체포! 라는 긴급뉴스를 본다. 망연자실!

귀국 후 형님을 찾아, 기자 촌 댁에 갔지만 아무도 없다.
MBC 앵커도 만났지만 모두들 입을 다문다.
하지만 역사의 진실은 때가 되면 밝혀진다.
5공 청문회에 해직 언론인 대표로 나와, 피를 토하는 듯이
언론을 압살코자 했던 신군부의 만행을 국민에게 고발한다.
시대를 대표하는 용기 있는 언론인으로 평가되어 복직된다.
MBC 사장과 김대중 대통령에 의해 초대 방송통신 위원장이 되어 언론 정필에 앞장 선다.

그 외에도 손자들은 각 분야에서 뛰어난 활약을 하지만,
더하면 팔불출이 되니 입을 다물자. 하하.
"하나의 밀알이 썩어 죽으면 많은 열매를 맺나니~"
성경 말씀이다.

The Doctor. 차경삼은 죽어서도 많은 열매를 맺는다.
그의 정의롭고 인내하는 삶을 하나님은 축복하시는 듯,
아니 그의 고뇌한 삶을 불쌍히 여기셨는지 84세에 잠을 자다

편안히 하늘에 오른다.

그들이 사랑한 나라, 대한민국은 하늘의 은혜와 민족의 노력이
더해져 세계 8대 부국에 이른다.
많은 경제학자들이 한국의 성장비결을 연구하였지만
어떤 경제이론으로도 설명이 안된다.
난 개도국 산업정책 자문관으로 파견되어 말한다.

한국은 너희와 같이 후진국이었지만 생각이 달랐다! 고,
칼보다는 학문을 숭상하고, 나보다는 가족, 가문,
나라를 먼저 생각하는 선비정신과, 널리 의롭고 이롭게 하라!
는 홍익인간 사상이 넘치는 나라! 다.
그 정신이 지난 60여년에 400배 경제성장을 이루었다.
사람, 아니 민초가 존중받는 살 만한 나라로 만들었다.
그들은 무슨 뜻인지 잘 모른다.
다만 한국 연수를 다녀와 조금은 이해가 됐다고.

젊은이들아!
너희 앞에 넓은 세계가 열러 있다.
누구도 무시 못할 강한 나라, 조국이 있다.
높이 올라, 멀리 보아라!
그리고 마음껏 날으라!
실패하면 어떠냐? 까지 것 다시 날면 되지?

이 시대를 살아야 할 너희가 받은 천명이다!

더 닥터
시골의사의 독립전쟁

초판 1쇄 발행 2022년 3월 15일

지은이 양갑수
디자인 문혜림

발행인 박재관
발행처 인포피아

출판등록 2005년 1월 13일 제 2005-000001호
주소 전주시 완산구 아중로 33
대표전화 063-253-1004

ISBN 978-89-94512-36-5

*책값은 뒤표지에 있습니다.
*잘못된 책은 구입한 곳에서 바꾸어 드립니다.